介護過程

柊崎京子

編著

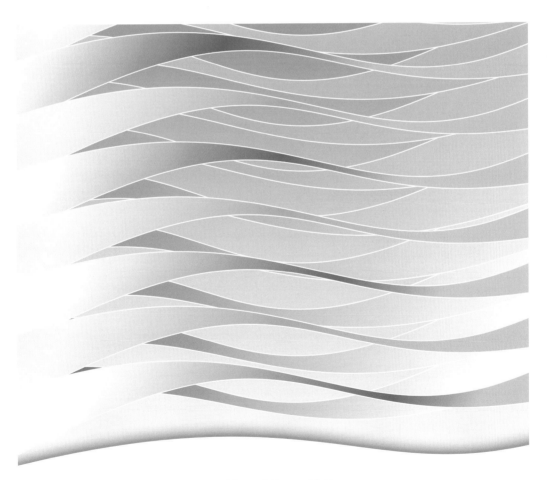

建帛社
KENPAKUSHA

まえがき

　「介護過程」は，1988 年の介護福祉士養成開始時のカリキュラム（指定基準）にはありませんでしたが，現在は 150 時間（養成施設ルート）の教育内容が指定されています。そして，2019 年度より順次導入されたカリキュラムでは，「介護過程の実践力の向上」のために教育内容の充実が図られました。

　介護福祉士養成が開始された当時，特別養護老人ホームの居室は 4 人部屋以上が多かったのですが，現在最も多いのは個室です。このように実践の現場は変化していますが，介護福祉士の養成教育も法律や制度，実践の考え方や実践の蓄積などの影響を受けて変化してきました。これからも変化していくでしょう。また，多様な実践があるのと同じように，介護過程に対する考え方も多様です。本書では，介護過程の定義やアセスメントのための考え方，アセスメントシートなどを提示していますが，多くの考え方の中のひとつにすぎません。

　介護過程の学習における共通したねらいは，介護実践における思考過程の訓練や，根拠ある実践方法を学ぶことです。そのため，本書は下記のような目的で作成されました。

① 第 1 章は，介護過程を学ぶための準備にあたります。既に他科目で学んだ内容もあると思いますが，演習を通して学ぶ内容となっています。

　　第 2・3 章は，介護過程展開の全体に関連します。介護過程を学ぶための基礎として，ケアマネジメントと介護過程の関係，介護過程の定義と意義，ICF の生活機能モデルと介護過程，介護過程展開の視点について述べています。

　　第 4 章は「介護過程の展開」についての具体的な説明です。

　　第 5 章は前章までの学びを踏まえ，事例による介護過程の学習です。

　　そして，さらなる学びに向けて，第 6 章は「介護過程の展開を事例研究としてまとめる」，「介護過程に活用できる理論・モデル」について説明しました。

　　付章には介護過程の演習事例を記載し，巻末には本書で使用した情報収集シートなどを掲載しました。

② 介護を要する利用者は高齢者や障害者，子どもなど多様です。そのため，同じ情報収集シートを用いることには限界があります。限界はあるものの，本書の情報収集シートは，生活の主体者は利用者自身であること，「本人の実際」と「実際になされている支援」の事実を把握する，情報源の区別ができるように記号で示すなどを踏まえて作成しました。

③ アセスメントシートは，介護過程に対する一定の理解を達成できるためと，根拠を踏まえた実践とするために，思考してほしい内容や思考過程の流れを踏まえて作成

しました。また，介護過程を展開するときのひとつの考え方として，「介護過程展開の視点」（第3章）を提示しました。

④　巻末に掲載した情報収集シート，アセスメントシートなどは，建帛社のホームページからアクセスできます。自由に改変して使用してください。アセスメントシートはあえて1枚に収まるように作成しましたが，ページ数を増やすこと，項目に工夫を加えて改変することも自由です。

　介護過程の中で，考えることと記述することの2つで難しい箇所は「アセスメント」です。特に，分析・解釈，統合・判断の箇所は難しいといえます。しかし，「どうしてそう思うか」の判断過程や判断根拠を検討し，それを記述できれば，たとえ1行の内容であっても介護過程を学んだ成果の第一歩であると考えます。第一歩をさらに進めるのは，利用者ひとりひとりの生活に目を向ける関心と，思考し記述する苦労を続けることだと思います。

　最後に，利用者との関係形成や自己覚知は，介護過程を展開する人に属することです。こうしたことはアセスメントシートなどに記述されるわけではありませんが，とても大切な視点です。また，アセスメントの理論的枠組みの検討，教育方法の検討は，今後も継続する課題です。学習者の学びと実践の蓄積が今後の課題の改善につながることを願っています。

2021年2月

著者を代表して　柊崎京子

目　　次

第 1 章

はじめて学ぶ介護過程

1. 介護過程とは

1 ふだんの生活でしている計画と行動

　みなさんは日曜日をどう過ごしていますか。特に予定がないときは，「こんどの日曜日は何をしようか」とか，「どこかへ行こうか，誰と遊ぼうか，お金はどれくらい必要か」など，あれこれと考えることでしょう。

　例えば，「日曜日に，友達と一緒においしいものを食べに行きたい」と考えた場合は，「友達を誘う」という行動を起こします。そして友達が食べに行くことに賛成であれば，「どこへ行くか，何を食べるか」を友達と話し合うかもしれません。そして，「A店のケーキがおいしいと聞いたから，そこに行こう」と決まった場合は，A店の営業時間や場所を調べたりします。A店に食べに行った後には，「おいしかった」とか，「この店を選んでよかった」，「もう1回この店で食べたい」など，A店を選んでよかったかどうかの感想を友達と話したりします。

　このように私たちはいろいろなことを計画し，計画したことを実行に移して行動しています。「今日の夕食は何を食べようか」，「勉強をどうしようか」など，ふだんの生活は計画と実行の積み重ねで成り立っていると言えるほどです。

　私たちがふだんしていることを介護過程にあてはめると，図1-1になります。

2 介護過程とは

　介護過程（care process）は，「介護」と「過程」が合わさった用語です。簡単に言えば，「介護（care）」を行う「過程（process）」のことです。過程には，「物事を進める手順」，「物事が進み，ある結果に至るまでの道筋」と

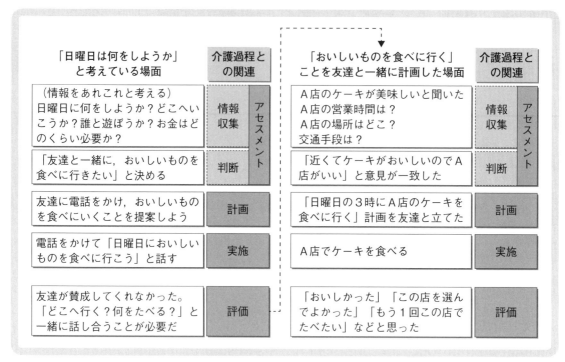

図1-1　「日曜日は何をしようか」に対する思考と行動

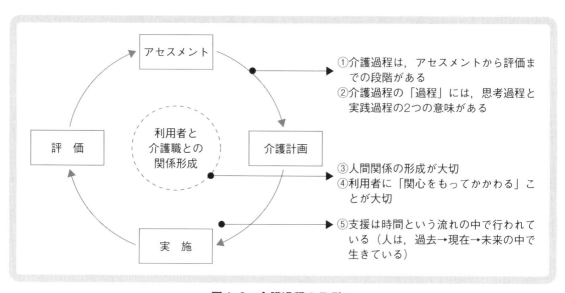

図1-2　介護過程のモデル

出典）介護福祉教育研究会（2016）『楽しく学ぶ介護過程』改訂第3版，久美，43. を一部改変

いう意味があります。

　介護過程の説明をするために図1-2に「介護過程のモデル」を示しました。

　図中の矢印の意味は，介護過程は①アセスメントから出発すること，②ア

セスメントから評価までの各構成要素を順に進めることを示しています。

　介護過程の「過程（process）」には，思考する過程と，実践する過程の2つの意味があります。これについては第2章で述べます。

　介護過程を進めるうえで最も大切なことは，利用者と介護職との関係形成です。そして介護職は，利用者に関心をもってかかわる姿勢が大切です。また，人は過去から現在，現在から未来へと続く時間の中で生きています。利用者へのかかわりや支援も，時間の流れの中で行われています。そのため，よいと思って行った支援が，今日は適切でも明日は適切でないことがあります。

　以上を前提に，これから介護過程の学習を行います。

③ 介護福祉士養成課程における「介護過程」の学習内容

　介護福祉士養成課程（1年課程以上）において，介護過程の「教育内容のねらい」などは表1-1のとおりです。

　介護過程は他科目で学習した知識や技術を活かして展開します。「人間と社会」や「介護の基本」で学んだ職業倫理，「こころとからだのしくみ」，「認知症の理解」，「障害の理解」，「生活支援技術」で学んだ内容，「コミュニケーション技術」で学んだ記録・記述の方法など，全てを活かします。

　みなさんが介護過程の学習や介護過程を展開する（行う）ときには，身につけた知識や技術を総合して考えることが大切です。介護過程のベースとなるものは，これまでに学んだ知識・技術であり，職業倫理です。学習不足や未学習の内容があれば，それらを学ぶことで，より深い実践ができます。

表1-1　介護過程（150時間）の「ねらい」「教育に含むべき事項」「留意点」

教育内容のねらい	
本人の望む生活の実現に向けて，生活課題の分析を行い，根拠に基づく介護実践を伴う課題解決の思考過程を習得する学習とする。	
教育に含むべき事項	**留意点**
①介護過程の意義と基礎的理解	介護実践における介護過程の意義の理解をふまえ，介護過程を展開するための一連のプロセスと着眼点を理解する内容とする。
②介護過程とチームアプローチ	介護サービス計画や協働する他の専門職のケア計画と個別介護計画との関係性，チームとして介護過程を展開することの意義や方法を理解する内容とする。
③介護過程の展開の理解	個別の事例を通じて，対象者の状態や状況に応じた介護過程の展開につながる内容とする。

出典）日本介護福祉士養成施設協会（2019）『介護福祉士の教育内容の見直しを踏まえた教授方法等に関する調査研究事業報告書―介護福祉士養成課程新カリキュラム教育方法の手引き―』, 51.

　介護職としての役割を発揮するため，介護福祉士には，利用者の尊厳を支える個別ケア，利用者等のニーズにあった個別ケアの実践が求められています。また，介護職チームの中でリーダーシップやフォロアーシップを発揮すること，チームをマネジメントすること，多職種連携によるチームアプローチの実践などが求められています。介護過程を学ぶことは，このような個別ケア，チームマネジメント，チームアプローチの内容・方法を学ぶことにつながります。

　何度も繰り返して学ぶことで，だんだんと理解が深まります。考えをまとめることや文章化することを，あきらめずに取り組みましょう。少し理解できると，だんだん楽しくなります。そして，他者の意見を聞き，自分の意見を伝えながら，共に学んでいきましょう。

2. 介護過程を学ぶための準備

　ここでは，介護過程を学習するための入り口として，他者理解と人間関係の形成，自分自身の生活の理解，生きてきた時代・地域による違いの理解，他科目で学ぶ学習の確認について，演習を通して理解していきます。

1 他者理解と人間関係の形成

■1）他者を知る・自分を知る

　私たちは，生まれてからこれまでに多くの人と人間関係を築いてきました。家族や親せき，友達，クラスメイト，クラブ活動の仲間，近所に住む人など，「わたし」と「あなた」が互いのことを理解し，それぞれの役割を担うことなどにより人間関係は成立します。

　介護は「人」が「人」にかかわる行為です。それは，介護職が自ら働きかける能動的（自分から積極的に働きかけること）な姿勢を含みます。介護を必要とする利用者と介護職との出会いの多くは，利用者が利用するサービスを通して始まります。このことから，普段，みなさんが友人と築く人間関係と，利用者と介護職のあいだにおける人間関係は異なることが理解できます。

　人は，一人として同じ人はいません。人間関係はお互いを知る中で形成されますが，人間関係の形成を通して互いの違いに気づくこともあります。ここでは，介護過程の展開は，「他者理解」と「自己理解」の両方が必要であることを考えていきます。

◆演習1◆　他者を知る・自分を知る

① 下記の項目について，各自で記入しましょう（たくさん書いてもよい）。

② 記入できたら，グループで内容を発表しましょう。なぜ書いたのか，質問をしても OK です。

③ グループの中で，共通点や違いがあるかについて検討しましょう。

❶私が毎日すること	
❷私が夢中になっていること	
❸私がよく食べる定番料理	
❹私が嫌いな食べ物	
❺私がしてみたいこと	
❻私が他者に絶対されたくないこと	

＜演習のまとめ＞

① グループでの発表を通して，他者をどう理解しましたか。

② グループでの発表を通して，自分について，何か気づきましたか。

　同じような意見が出ましたか，それとも違っていましたか。意外な答えや同じような答えなど，いろいろ出たかもしれません。答えの理由を聞くと，その人のことが何となくわかったかもしれません。いろいろな答えの中に，人それぞれの「生活」や「個性」があります。

　グループでの発表を通して，他者や自分について，何か気づきましたか。介護過程を展開するうえで，他者に関心をもってかかわる姿勢をもつことはとても大切です。また，介護過程は「人」にかかわる行為を含みますので，自分の個性・能力・価値観，心理的傾向や対人傾向などが反映されやすい側面があります。他者を知ることと同じくらい，自分自身を知ることが大切です。

　介護過程を展開するためには人間関係の形成が大切です。人間関係を形成するためには，他者理解とともに，自己理解が求められます。そのうえで，人間関係を形成するためのコミュニケーション技術や，共感する能力が求められます。

■ 2) 相手の気持ちや状況を理解する

　私たちはコミュニケーションを通して情報や感情，意思などを伝達しています。例えば，2人でコミュニケーションをとっていた場合，2人の間で交換される情報や感情などは同じ場合もあれば，違う場合もあります。相手が発信したことに対して，自分が受け止めたことが同じであるとは限りません。

　相手の気持ちや状況を理解する姿勢は，介護過程を展開するうえで重要です。ここでは，介護職と利用者家族とのコミュニケーション場面の事例を通して，相手の気持ちや状況を理解することについて考えてみましょう。

◆演習2◆　**傾聴と共感－思いをくみ取り相手を理解する－**

① 場面1を読み，「ゆう子さんの思い」はどのようなものであったか，各自で考えましょう。

② 各自の考えをグループ内で発表し，グループで意見をまとめましょう。

【場面1】

　田中やよいさん（78歳）は，認知症が進み，トイレ以外の場所に排尿するようになった。家族は，日中は仕事に出ており，帰宅すると，やよいさんの着替えや尿で汚れた場所の掃除に追われることが多く，疲れ果てていた。

　そこで，知り合いにすすめられてデイサービスを利用することになった。利用して数週間が経ったとき，やよいさんの息子の妻のゆう子さんは，迎えにきたデイサービスの職員Aに向かって，次のように話した。

　・ゆう子さん：うちのおばあさんが，家の中のあちらこちらで，おしっこをしてしまって，もう大変なんです。
　・職　員　A：それなら，定期的にトイレ誘導してはどうでしょうか？
　・ゆう子さん：それは，できる時にはやっています。
　　　　　　　　日中，私は家にいないし……限界ですよ。

① 場面2を読み，「ゆう子さんの思い」はどのようなものであったか，各自で考えましょう。

② 各自の考えをグループ内で発表し，グループで意見をまとめましょう。

【場面2】

　気持ちが晴れないまま数日を過ごしたゆう子さんは，職員Bがデイサービスの迎えに来ときに，もう一度同じことを話した。

　・ゆう子さん：うちのおばあさんが，家の中のあちらこちらで，おしっこをしてしまって，もう大変で……。
　・職　員　B：あぁ，そのことですね。職員Aから聞きました。
　　　　　　　　うちのデイサービスでも尿の失敗がありました。だから，家でも大変だろうと想像できますよ。
　・ゆう子さん：そうだったのですか。

　この話を聞いたゆう子さんは，デイサービスでも失敗があったことを申し訳なく思った。それと同時に，職員に相談したかったのに期待していた相談ができなかったため，もやもやとした気持ちになった。その夜，「職員に相談しないほうがよいのかしら。がっかりだわ」と，夫に話した。

　しかし，困っている現状もあり，何とか解決したいと思っていた。

　場面1・2で，利用者の家族と，デイサービス職員とのコミュニケーションを通して考えてもらいました。「ゆう子さんの思い」について，どのよう

な意見が出ましたか。

　場面1・2に出てきた職員A・Bに悪気はなく，むしろ家族に対してよりよい介護を行えるような助言や，共感して発した言葉だと思います。しかし，実際には家族が欲していた言葉ではありませんでした。

　その後の場面も読んでみましょう。

【場面3】

　デイサービスで夏祭りが開催され，やよいさんと共にゆう子さんも参加した。職員や参加者たちが明るく楽しそうにしている雰囲気や，やよいさんを職員が気遣ってくれる様子を見たゆう子さんは，「相談できるかもしれない」と思い，やよいさんの介助を担当していた職員Cに声をかけ，思いきって話しをした。

　そうしたところ，職員Cは「それは大変でしたね。ゆう子さんやご家族，やよいさん自身も，お辛かったでしょう。私でよければ，一緒に考えさせてもらえませんか？」と言った。この言葉を聞いたゆう子さんは，安心した気持ちになった。

　場面3では，職員Cが，ゆう子さんの心に気持ちを寄せて共感し，力になりたいと申し出ました。話をしている相手に自分の思いをわかってもらえたときや，わかってくれる人がいたときは喜びや希望が生まれます。ゆう子さんは，気持ちをわかってくれる人がいる喜びや，明日への希望を感じることができたと思われます。

　利用者主体の介護を行うためには，利用者本人の願いや要望，気持ちや状況を理解することが大切です。さらに，利用者本人だけでなく，その人を取り巻く人々の気持ちや状況を理解することが重要です。利用者の家族は利用者がよりよい生活を送れるように支援するチームの一員です。それぞれの立場やそれぞれの見方で利用者にかかわりますが，かかわる人のお互いの認識のずれや思い込み，誤解などを修正・確認し合うことで，相互に理解を深めます。このような確認や相互の理解が良好な人間関係を築き，信頼関係を深めていくことにつながります。

2　自分自身の生活の理解

　介護過程を展開することは，他者の生活にかかわることです。介護は他者の食事・排泄などの生活行為を支援しますが，あなた自身は自分の生活をどのように成り立たせていますか。自分の生活を理解することは，他者の生活を理解するきっかけになります。次の演習を行ってみましょう。

◆演習3◆　ある日の私の生活

　「ある日の私の生活」の表に，自分のことを時間軸に沿って記録しましょう。書きたくないことは書かなくてよいです。

① 　自分のことを記録し，どのように感じましたか？

② 　「食事」や「排泄」は，自分の生活や健康とどう関連していますか？

③ 　自分の生活からみて，介護を必要とする人の生活と共通する点はどのようなことがありますか？

ある日の私の生活						
年　　月　　日（　　曜）	食事				排泄	
	作った人	内容	場所	一緒に食べた人	尿	便
― 6：00						
― 9：00						
― 12：00						
― 15：00						
― 18：00						
― 21：00						
― 24：00						
― 3：00						
＜1週間の生活の特徴，社会生活の状況＞						
＜趣味・楽しみ，こだわりなど＞						

③ 生きてきた時代，地域による違いの理解

　あなたは今，20歳とします。現在80歳の人は，60年前に20歳でした。現在20歳のあなたと，現在80歳の人は，いま同じ時代を生きています。しかし，あなたが20歳のときと，現在80歳の人が20歳のときでは，生活の様子は違うはずです。

　20歳のあなたは東京出身です。でも，同じ年齢の友達は九州の海辺で育ちました。あなたと友達は同じ年齢ですが，小さいときの生活の様子は違うはずです。

　私たちの生活は，生きてきた時代や，生活している地域や場所の影響を受けています。ここでは，現在40歳以上の人が生きてきた時代を知るために，昔のことについて調べてみましょう。また，地域による違いを知るために，郷土料理について調べてみましょう。

◆演習4◆　生きてきた時代の理解

現在の年齢	20歳のときは…	起こった事件や，出来事	流行していた音楽，使用されていた電気製品や電話機
20歳	現在		
40歳	20年前		
60歳	40年前		
80歳	60年前		

◆演習5◆　地域による違いの理解

都道府県	有名な郷土料理	その地域のご当地お雑煮

④ 他科目で学ぶ学習の確認

　介護老人保健施設に入所しているDさんの状況と支援の内容に関する事例を読み，演習を行いましょう。演習を行うときは，他科目で使用している教科書を活用しましょう。

【事例：介護老人保健施設に入所しているＤさん】

　Ｄさんは78歳（女性）で，<u>要介護1</u>。<u>糖尿病</u>，<u>脳梗塞後遺症</u>で左片麻痺がある。Ｄさんは，おしゃれや食べ歩きが好きで，友人とデパートに出かけることが楽しみのひとつだった。

　60歳で糖尿病と診断された。<u>加齢</u>による心身機能の変化はあったが，特に問題なく生活をしていた。しかし，77歳で脳梗塞を発症した。脳梗塞により入院，治療後に<u>介護老人保健施設</u>に入所し，現在は２か月目である。リハビリテーションを行った結果，<u>四点杖</u>を使って歩けるようになった。Ｄさんは，自分にあった<u>福祉用具</u>を使用し，自宅で生活をしたいと思っている。

　Ｄさんはカロリー制限をしているが，甘いジュースを買って飲んでいる。糖尿病は感染症にかかりやすいので<u>感染</u>予防が大切だが，Ｄさんは<u>口腔ケア</u>を忘れることが多い。服が汚れていても同じ服でいることが多い。職員が更衣の働きかけを行うと，「別にどこかに行くわけでもないから，どんな服だってよい」と話す。しかし，職員が洋服の話をすると，「昔のようにお気に入りのブラウスを着て過ごしたいわ」とも話す。また，クラブ活動に誘うと，「やりたいことではないから，参加したくない」と言い，参加しない。

　Ｄさんは１か月後に退所して自宅に戻る予定である。そのため，介護職は理学療法士や看護職，栄養士などの他職種と，退所に向けてカンファレンスを行う予定になっている。Ｄさんを支援するためには，専門職がそれぞれの視点で情報収集やアセスメントを行い，<u>多職種連携</u>により効果的なサービスを提供することが大切である。

　Ｅ介護福祉士は，多職種とのカンファレンスに向けて，まずは介護職チームで話し合う必要があると思っている。その際は，<u>身だしなみの意義</u>から考えてＤさんに支援すべきことや，カロリー制限が難しい現状，Ｄさんにあった<u>アクティビティ</u>の検討を議題にしようと思っている。

◆演習6◆　他科目で学ぶ学習の確認

　次の表で，「知識・技術」にあげた用語は，Ｄさんの事例に出てきた用語です。これらの用語は，他科目で学習を行っています（行う予定です）。

　「知識・技術」にある用語について，「どの科目で学習したか」を思い出してみましょう。

　また，「どのような内容を学んだか」について，学んだ内容を簡潔に記してみましょう。まだ学習していない場合は，「未学習」と記入してください。

知識・技術	どの科目で学習したか （または学習予定か）	どのような内容を学んだか （学んだ知識・技術の内容）
要介護1		
糖尿病		
脳梗塞後遺症		
加齢		
介護老人保健施設		
四点杖		
福祉用具		
感染		
口腔ケア		
多職種連携		
身だしなみの意義		
アクティビティ		

　介護過程の展開で，情報の意味を理解するときや，支援の方向性を考えるときは，学んだ知識や技術を活かすことが大切です。

　本書では，介護過程に活用する知識として，第2章で「ICFの生活機能モデルと介護過程」，第6章で「介護過程に活用できる理論・モデル」を学びます。他科目での学びに加え，これらの学びも活かして介護過程の学習をすすめていきます。

3. 観 察

　介護過程の最初のステップはアセスメントです。アセスメントは，利用者を理解することから始まります。理解するために，さまざまな情報を集めます。情報を集める（情報収集）方法のひとつが「観察」です。

　ここでは，観察の大切さを学習します。

1 観察とは

　観察（observation）とは，「そのものがどうなる（いう状態である）かありのままの姿を，注意して見ること」（『新明解国語辞典』第八版）です。つまり，観察は，"ありのままにみる""注意深くみる"ことにより得られる情報のことです。

　みなさんは，今日最初にあった人がどのような服を着ていたかを覚えていますか。靴の色は何色でしたか。最初にあった人が誰であったかを覚えていても，服や靴の色までは覚えていないのではないでしょうか。私たちは「見ているようで見ていない」ことがたくさんあります。何事に対しても，気にしなければ気づかないように，知りたいという思いがなければ観察は深まらず，情報も得られません。

　介護における観察は，必要な情報を収集する意図的な行為です。どのような場面でも行われます。常に利用者に関心を寄せ，五感を活用して観察することで，適切で正確な情報を得ることができます。

2　五感を使った観察

　五感とは，視覚，聴覚，触覚，嗅覚，味覚のことです。介護職が自分の目で見る，耳で聞く，手で触れる，臭いをかぐ，舌で味わうことを通して情報を収集します。

① **視覚による観察：**

　顔色や表情，行動など，目でとらえることのできる情報を観察します。

② **聴覚による観察：**

　呼吸音など身体の健康に関するもののほか，足音やドアを閉める音などは，人の感情を表していることもあります。

③ **触覚による観察：**

　皮膚の乾燥，湿潤，熱感，手を握ったときの力強さなど，利用者に直接触れることによって得ることのできる情報があります。

④ **嗅覚による観察：**

　口臭や排泄物の臭いなどからは，健康状態を推測できることがあります。

⑤ **味覚による観察：**

　食事の味付けが濃くなっている場合など，味覚障害が疑われることがあります。

3　観察の演習

　観察を理解するために，2つの演習を行います。

◆**演習7**◆　目でみる

① 写真（貼り絵をしている，ベランダにいる）をみて，観察した「事実」（情報）を記録しましょう。

② 観察した「事実」に対して，あなたが思ったこと，受け止めたことを記録しましょう。

③ ①②についてグループ内で発表し，内容が一致しているか，違いがあるかについて話し合いましょう。

観察したこと「事実」（情報）	事実に対して思ったこと，受け止めたこと

※可能な限り，観察したことを箇条書きでたくさん書きましょう。

◆**演習8**◆　五感を使う

　この演習の目的は，五感を使って体験することです。

　2人で1組のペアになります。1人は食べる人で，「五感を使って」せんべいを食べます。もう1人は観察者で，食べる人を「五感を使って」観察します。次のように行ってください。

① 机の上に，せんべい1枚と水を置きます（水を飲むかどうかは自由です。せんべいを半分食べて終了してもよいです）。

② 「せんべいを食べる」人は，五感に集中してせんべいを食べます。

③ 「観察者」は，1〜2メートルくらい離れた位置に座ります。五感に集中して観察します。観察しながら，観察したことをメモします。

④ 終了後に，それぞれ，「五感に集中して食べる体験記録」，「観察記録」を書きます。

⑤ 役割を交代して，①②③を行います。

【五感に集中して食べる体験記録】

・視覚による情報

・聴覚による情報

・触覚による情報

・嗅覚による情報

・味覚による情報

【観察記録】

・視覚による観察結果（食べるために，どのような動作をしているか）

・聴覚による観察結果

・触覚による観察結果

・嗅覚による観察結果

・味覚による観察結果

　2つの演習を行い，事実（情報）をたくさん記録できたのではないでしょうか。

　演習7で記録した"観察した「事実」（情報）"は，観察により得られた「事実」です。一方，"事実に対して思ったこと，受け止めたこと"で書いたことは，あなたの「主観」です。情報を記録するときは，事実と主観を混同しないようにします。「赤い色をしたリンゴ」は誰がみても同じ事実ですが，「赤い色だからおいしそう」と思うのは，情報から得られた解釈や主観です。主観は受け止め方ですから，人によって一致することもあれば一致しないこともあります。

　演習8では，五感を使って観察をすることを意識して行いました。意識して観察をすれば，五感によりたくさんの情報が得られることに気づけたのではないでしょうか。

4　観察は必要な情報を収集するための意図的な行為

　介護における観察は，必要な情報を収集する意図的な行為です。意図的な観察を行うためには，何のために観察するのかという目的や，何を観察すれば情報が得られるのかという知識が大切です。目的や知識がなければ，たとえ“ありのままにみる”ことができていたとしても，必要な情報を収集できません。

　例えば，認知症のため自分の思いを言葉でうまく伝えることのできないＡさんが，「昼食をほとんど食べていなかった」場合の観察はどのような視点で行われるでしょうか。

　「昼食をほとんど食べていなかった」がいつもと違う状況である場合，何か体の変調がないかを観察すると思います。例えば，発熱や排泄の状況，口腔内の状況（歯・口内炎など），嚥下の状況，睡眠の状況などの身体状況だけでなく，間食の有無，食べ物の好き嫌い，運動の有無などを観察すると思われます。また，最近の出来事や，心配事がないか，日常生活や家族との関係に変化がないかなど，背景的なことを観察するかもしれません。このように「何を観察するか」は状況によってさまざまです。そして，観察する人がもっている知識や情報の差によっても，得られる情報には違いが出てきます。

5　観察の留意点

■1）利用者に関心をもつ

　利用者を理解するためには，利用者に関心をもち観察することが必要です。

　時間とともに利用者の状態は変化します。「いつもと違う」，「疑問に思った」というようなことを大事にすると，小さな変化に気づくことができます。

■2）先入観をもたない

　ありのままに事実をとらえることは観察の原則です。

　介護職の目に映った事実は，その人の頭の中で判断されます。つまり，観察や判断は，それを行う人がもつ人間観や文化，知識等による影響を受けます。先入観をもたず，客観的な態度で観察をすることが求められます。

■3）総合的に判断する

　介護職が対象とするのは介護を必要とする利用者であり，その人の生活です。しかし，観察で得られる情報はその人の生活の一部に過ぎません。観察

項目に従ってひとつひとつバラバラに観察したのでは，利用者の全体像はみえてきません。

介護職は利用者の一番近くで生活の支援をする専門職です。利用者のそばで生活を観察できる立場にあります。観察して得た情報は，情報のひとつひとつをみることも大切ですが，情報を全体的にみることも必要です。観察した情報がどのような意味をもつかは，医学的知識をはじめ，心理学，哲学，社会学など人間理解のための幅広い知識が必要となります。目の前の利用者の具体的な情報と，情報に関する知識を結びつけることでより適切な判断をすることができます。

4. 情　　報

1 情報とは

■ 1）情報とは

情報（information）とは，「あるものごとの内容や様子についての知らせ」，「判断をしたり，行動を起こすために役立つ資料や知識」です。

人はそれぞれの人生を生きており，生活の様子や環境も異なるので，ひとりひとりを理解するための情報が必要となります。介護を行ううえで必要となる情報は，身体的側面だけでなく，社会的・心理的側面の情報も必要です。また，現状を理解するためには，現在だけでなく，過去の情報も大切です。

■ 2）情報の分類

情報は，**主観的情報**（subjective data）と，**客観的情報**（objective data）に分けることができます（表1-2）。

本人以外から得た客観的情報は，情報を何から（誰から）得たかという**情報源**を確かめることが大切です。そして，情報をそのまま受け取るのではなく，利用者を直接観察したり，話を聞くなど，その情報が事実かをどうかを自分で確認することが必要です。また，情報は，「固定している情報」と「変化する情報」に分けることができます。

固定している情報は，生年月日や性別，これまでの生活歴（学歴，職業歴）や既往歴など，変化することのない情報です。一方，**変化する情報**とは，利用者の思いや周囲の環境，健康状況など変化する可能性のある情報です。変

表1-2　主観的情報と客観的情報

主観的情報	・利用者本人の言動から得られる情報。 ・利用者自身が自覚していることや，感じていたり考えていることを言葉にしたり表現している内容。
客観的情報	・測定や検査で数量化できるデータ（体温，脈拍，血圧，尿量や尿回数，飲水量，関節可動域，検査結果など）。 ・利用者の表情や動作などを観察して読み取れたこと。 ・歩くことができる・できない，話をすることができる・できないなど，だれがみても同じように捉えることが可能な情報。 ・介護職や他職種，家族など第三者が利用者にかかわる中で観察して得た情報。

化する情報は，いつの情報なのかを明確にしておく必要があります。

■ 3) 情報収集の方法と情報の内容

　情報収集とは，必要な情報を収集することです。

　情報収集の方法は，「観察」，「コミュニケーション」，「検査・測定」，「記録を読む」があります。表1-3に，情報収集の方法と内容を示しました。

2　情報収集の留意点

　利用者から得られる情報は，利用者とコミュニケーションをとったり，介護を行いながら把握することが多いと言えます。第三者から情報を得る場合は，第三者との直接的な会話や，会議結果の伝達などによる情報の共有，通信手段を用いた情報の交換，記録を読むなどで得られることが多いと言えます。

　情報収集について，利用者から情報を得るときの留意点について述べます。

■ 1) 情報は事実か，正確かを考えながら情報収集を行う

　正確な情報を得るためには，情報は事実か，情報は正確か，情報は十分かを吟味しながら情報収集します。

　「3. 観察」の演習8で行ったように，観察により得られた**事実**と，事実に対して自分が思ったことの**主観**を混同しないようにします。私たちは，情報を受け取ると同時に，情報の解釈や意味づけを行うことが多いので，自分の経験や価値観が情報のもつ意味を変えてしまうことがあります。また，第三者や記録から情報収集する場合は，既に第三者によって意味づけされた情報を受け取ってしまい，事実と異なることがあります。事実は何かを意識して，情報収集することが大切です。

表1-3　情報収集の方法と内容

方　法		情報収集できる内容
観　察	• 五感 （視覚・聴覚・嗅覚・触覚・味覚）を通して把握する	視覚：観察した顔色，表情の変化，服装，動作，場所の状態 聴覚：利用者の呼吸の音，声，利用者が聞いているテレビの音，足音 嗅覚：体臭，部屋のにおい，寝具のにおい，食品のにおい，シャンプーや石鹸などのにおい 触覚：皮膚状態，汚れのべたつき，洋服などの肌触り 味覚：料理の味
コミュニケーション	• 利用者から聞く • 他職種から利用者に関することを聞く • 第三者から利用者に関することを聞く	• 面談を実施して本人や家族から，今までの生活とこれからの生活について聞いたこと • 生活のあらゆる場面で介護をしながら，利用者の思いを聞いたこと • 申し送りやカンファレンスの際に，他職種からの意見を聞いたこと • 利用者の知り合いや友人，隣人，関わっているボランティアなど，第三者から聞いたことなど
検査・測定	• 器具で測定したり，検査する • 専用の評価用紙や評価法を用いて把握する	• 身長，体重，BMI，血圧，体温，脈拍，呼吸数など • 視力，聴力，麻痺，関節可動域など • ADL，IADLなど「できる・できない」で表すことが可能なこと • 要介護度，認知機能評価，生活の質など
記録を読む	• さまざまな記録に書かれている，利用者に関することを読む	フェースシート：生年月日，住所，家族関係，病歴，現在の要望などが書かれた記録 アセスメントシート：利用者の情報の分析・解釈や，分析・解釈により得られた利用者の生活課題などが書かれた記録 介護計画：生活課題を解決するための目標や，目標を達成するための計画などの記録 モニタリングシート：介護計画の実施状況の記録

出典）介護福祉教育研究会（2016）『楽しく学ぶ介護過程』改訂第3版，久美，46. を一部改変

■ 2）利用者とのかかわりの中で意図的に行う

　「いつもより口数が少ない」という情報は，普段とは異なる状況があることを示した表現です。つまり，「いつもより」という表現は，何かしらの知らせであるかもしれないという気づきや，普段との比較を通して観察された表現です。

　情報は，受け取ることで情報になります。情報が発信されていても，受け取ることができないと情報としての意味をもちません。

　利用者が何を望んでいるか，何に困っているか，どのようにすればよりよい生活や人生になるのかを意識してかかわることが必要です。ふだんの何気

ないコミュニケーションの中でも，意図的に観察したり聴いたりすることで情報が得られます。

■ 3) 信頼関係の構築

　利用者が介護職にニーズを表現できるためには，さまざまな条件が考えられます。例えば，介護職の傾聴や共感的態度があること，利用者と信頼関係が形成されていること，自由に話すことのできる生活環境などがあります。

　人は初めて会った人や信頼できない相手に対しては，自分のことを多く語ることはありません。情報収集シートを埋めるために，事情聴取のように聞き出すことは避けなければなりません。利用者が安心して介護を任せられる相手だと感じたとき，自然と利用者の自己開示が進み，利用者が情報を発信することにつながります。情報収集は，利用者と介護職間の信頼関係を基盤に行われることを忘れてはいけません。

■ 4) 自分自身の傾向を知る

　情報の受け止め方で，自分に偏った傾向や先入観があれば，それらは情報の理解を妨げる要因になります。

　自分自身の傾向を知っておくと，妨げる要因を小さくすることができます。また，他の人はその情報をどのように理解しているのかなど，チームメンバーの意見を中立的な立場で聞くと，自分の傾向によるずれを小さくできます。

■ 5) 継続的，多角的に情報収集を行う

　情報収集は，第4章「2. アセスメント」の「3　情報の分析・解釈」と結びついています。

　情報は多角的に収集します。情報をシートに記載し分析しようとしたときに，不足している情報に気づくことがあります。また，変化する情報や，新たに発せられるものもあります。情報は，継続的に多角的に収集する必要があります。

■ 6) 個人情報の管理

　利用者の生活の支援を行う介護職は，利用者や家族のさまざまな情報を知ることができる立場にあります。

　『社会福祉士及び介護福祉士法』の第46条では「社会福祉士又は介護福祉士は，正当な理由がなく，その業務に関して知り得た人の秘密を漏らしてはならない。社会福祉士又は介護福祉士でなくなった後においても，同様とする。」という秘密保持義務の規定があります。

日本介護福祉士会では，1995（平成7）年に『日本介護福祉士会倫理綱領』を定め，第3項で「介護福祉士は，プライバシーを保護するため，職務上知りえた個人の情報を守ります」とプライバシーの保護を明記しています。また，2003（平成15）年に『個人情報の保護に関する法律』も施行されています。個人情報を漏らすことがないよう，情報管理には細心の注意を払う必要があります。

一方で，介護実践はチームで行う活動です。チームの中で利用者の情報共有は必要です。職業倫理を踏まえたうえで情報を提供し，共有します。

5. 問題解決思考

1 問題解決思考とは

私たちは日常生活の中で失敗をしたり，困ったりしたとき，何かやりたいことがあるときなど，これらの問題を解決しようとします。解決するために，あらゆる情報を集めて，「何が必要か」，「今後どうしたらよいか」を考えます。一番よい方法を選択するために，「たぶんこうなのだろう」，「こうしなければ，こうなってしまう」というように，仮説を立てながらやるべきことを考えています。問題を分析し，何をすれば解決できるのかを考えていく思考方法を**問題解決思考**といいます。

問題解決思考の流れを整理すると，図1-3のようになります。

私たちがふだんの生活で「問題がある」と言うときは，「困った問題」や「理想と現実とのギャップ」があるという意味で使います。どちらかと言えば，ネガティブな現状がある場合に使います。問題解決思考における「問題」「課題」の言葉について，次に説明します。

① 解決したい問題を認識する（問題の自覚） → ② 情報を収集して整理する → ③ 情報を分析・解釈する → ④ 課題の明確化 → ⑤ 課題解決のための目標の設定 → ⑥ 具体的な計画立案 → ⑦ 計画の実行 → ⑧ 評価

図1-3　問題解決思考の流れ

　図1-3の流れの中に「①解決したい問題を認識する（問題の自覚）」とあります。問題解決思考における「問題」とは，困ったこと，理想と現実とのギャップ，注目すべきこと，解決すべきことなどです。しかし，悪いことだけが「問題」ではありません。さらによくしたいことや，こうしたいという願いなど，よい内容も「問題」ととらえることができます。

　「④課題の明確化」における「課題」とは，問題を解決するための取り組みや，理想と現実とのギャップを埋めるためにやるべきことです。問題を解決したり，理想に向かう取り組みであるため，「課題」にはポジティブな意味があります。

　介護過程は，問題解決思考と同じ流れを用いています。問題解決思考は介護過程だけでなく，医療，看護，社会福祉などの対人援助の場面でも広く用いられています。

2　演習の進め方

　演習を通して問題解決思考について学習しましょう。

　まずはじめに，介護実習中のFさんが「思うようにいかなかった」場面について説明します。問題解決思考の最初の段階である「解決したい問題を認識する」については，これにあてはまる事例の箇所を演習の最初に設定しました。理由は，演習をしやすくするためです。

　情報は「情報1」と「情報2」に分けて書かれています。情報を読んだ後に，「2）問題解決思考に沿って考える」で示した順番に従って演習を行います。

3　演　　習

■1）「思うようにいかなかった」Fさんの状況

　Fさんは介護福祉士養成校の1年生です。現在2回目の介護実習中（12日間，介護老人保健施設）です。Fさんは，実習における自己の課題のひとつに「着脱の介護が一人でできる」を設定しています。

　実習5日目，FさんはGさんの脱衣の介護を行うように指示されましたが，うまくできませんでした。実習指導者から「あなたが課題にしていることなので，3日後の入浴のときにもう一度Gさんの介護に挑戦しましょう」と提案されました。Fさんは，課題をひとつずつ達成して次の実習に進みたいので，一人で着脱の介護をできるようになりたいと思っています。

　着脱の介護が思うようにできず，「何とかしなければいけない」とFさんが問題を認識した場面と，Fさんの状況に関する情報を次に記します。

解決したい問題を認識する（問題の自覚）

　私（F）は，今日，着脱の介護を行ったが，うまく実施できなかった。このままでは実習の自己の課題が達成できない。もう一度着脱の介護を行うことを提案されたので，何としてでも一人でやり遂げたい。

情報1

　私（F）は，着脱の介護を生活支援技術の授業で学び，学生同士で演習を行っているので，着脱の介護をできると思っていた。

　実習2日目，実習指導者から利用者ひとりひとりのADLや脱衣時の留意点を聞きながら着脱の介護を見学した。しかし，利用者に配慮して，見学中はメモをとらなかった。その後は，毎日の実習に追われて，実習指導者から聞いた注意点や手順をまとめなかった。

　利用者Gさんについては，右片麻痺で，自分のできることはやりたい人だという情報を聞いていたが，Gさんの顔と名前が一致しなかった。顔と名前を一致させることを意識していたが，Gさんについては一致できなかった。

情報2

　5日目，入浴のときに実習指導者から「Gさんの脱衣をお願いします。右片麻痺がありますが，言葉がけをしながら行ってください」と言われた。しかしGさんがどのような方法で着脱を行っていたかを思い出せなかった。

　Gさんに近づき，「Gさん，服を脱ぎましょう」と手を出したところ，左手で払いのけられてしまったために，着脱の介護を実習指導者と交代した。

　その後，実習指導者から，「なぜうまくいかなかったのかよく考えること」「準備をして，3日後にもう一度Gさんの介護を行うこと」を提案された。

　自分で課題としていたことでもあるし，技術は体験しながらひとつひとつ身につけていく必要があることもわかっている。3日後にGさんの着脱を一人で介護できるようになりたい。

■2）問題解決思考に沿って考える

　Fさんは，これまで生活支援技術の授業をきちんと受講し，演習も行ってきました。実習における自己の課題にも生活支援技術の実施をあげ，達成したいと考えています。しかし実習で着脱の介護がうまくいかず，再度の挑戦を提案されました。

　Fさんは，このままではだめだ，何とかしなくてはいけない，と問題を認識（自覚）しています。

◆演習9◆ 問題解決思考を体験する

　Fさんが認識（自覚）している問題について，下記の流れに沿って問題解決思考を体験します。
＊考えたことを整理して記入するための演習シートが，次ページにあります。

（1）情報を収集して整理する

　Fさんはどのような状況なのか，どのようなことが起こっていたのかを考えながら，事例の情報を読みます。

　そして，似たような情報や，一定の視点からみてまとまりのある情報を集め，演習シートに記載します。似たような情報やまとまりのある情報でグループ化した場合は，見出しをつけてみます。見出しは，原因を分析する際に，考えやすくするための工夫です。例えば，「授業と実践の違い」という見出しをつけます。

　事例に書かれている情報は，下記のようなものがあります。

①　私（F）は，着脱の介護方法を生活支援技術の授業で学び，学生同士で演習を行っているので，できると思っていた。

②　実習2日目の着脱の場面で，実習指導者から利用者ひとりひとりのADLや脱衣時の留意点を聞きながら見学した。

③　利用者に配慮して，見学中はメモをとらなかった。

④　その後は，毎日の実習記録に追われ，実習指導者から聞いた注意点や手順をまとめなかった。

⑤　利用者Gさんについては，右片麻痺で，自分のできることはやりたい人だという情報を聞いていたが，Gさんの顔と名前が一致しなかった。

⑥　顔と名前を一致させることを意識して実習していたが，Gさんについては一致できていなかった。

⑦　5日目の入浴の場面で「Gさんの脱衣をお願いします。右片麻痺がありますが，言葉がけをしながら行ってください」と言われた。しかしGさんがどのような方法で行っていたかを思い出せなかった。

⑧　Gさんに近づき，「Gさん，服を脱ぎましょう」と手を出したところ，左手で払いのけられてしまい，その後は実習指導者と交代した。

⑨　実習指導者から，「なぜうまくいかなかったのかよく考えること」「準備をして，3日後にもう一度Gさんの介護を行うこと」を提案された。

⑩　自分で課題としていたことでもあるし，技術は体験しながらひとつひとつ身につけていく必要があることもわかっている。

⑪　3日後のGさんの着脱は一人で介護できるようになりたい。

■演習シート

授業と実践の違い	情報を収集して整理する （文頭に情報の番号を書く）	情報を分析・解釈する	課題	目標	具体的な計画立案
	①着脱の介護を授業で学び，学生同士で演習を行っていたのでできると思っていた。				

（2）情報を分析・解釈する

　集めた情報を分析します。何がいけなかったのかという原因や，その理由は何かを分析します。情報をひとつずつ分析する方法と，情報全体に目を向け，情報同士の関連性を分析する方法があります。分析のはじめに「○○について」と見出しをつけると，あとで読み返したときにわかりやすくなります。

　Gさんの情報をみると，着脱がうまくいかなかった理由として，授業と実践の違い，実習指導者からの学びをまとめられていない，利用者の名前と顔が一致していない，Gさんにあった介護を実施できていない，などがあると思われます。

（3）課題の明確化

　原因を分析した結果，どのようなことが問題であったのか，不足していたことは何か，改善すべきことは何かなどを理解できたと思います。同時に，「こうありたい」と思われる姿や，「解決したい」と思う課題がわかってきたかと思います。

　「ありたい姿」とは，Fさんが解決したいことが改善された結果の姿や様子です。また，「解決したい課題」とは，解決を要すると思われることです。前者は，解決した結果をみており，後者は解決が必要な面をみているという違いがありますが，現状を解決・改善したいという視点からみれば同じことをとらえていると言えます。これらを言語化することを「課題の明確化」と言います。

　「課題」を解決したいと思っているのはFさんですから，表現は本人を主語にして表現します。例えば，「着脱の介護を一人でできるようになりたい」と表現します。

（4）課題解決のための目標の設定

　「課題の明確化」で表現したことを，Fさんの状況や原因を踏まえ，「課題」を解決するための「目標」を設定します。

　目標は何かがわかるように，具体的に簡潔に記します。例えば「着脱の介護を一人でできるようになりたい」を解決するための目標が，「利用者と人間関係を築く」や「利用者にあった着脱の介護技術を理解し実践できる」であった場合，これら2つは別のことです。そのため，1つの文章の中で目標を2つ書かず，2つの文章に分けて書きます。

（5）具体的な計画立案

　「目標」を達成するための計画を立てます。できるだけ具体的に，だれがみてもわかりやすいように記載します。

(6) 計画の実行

具体的な計画を実行します。

(7) 評　　価

具体的な計画を実行した結果，課題を解決するための「目標」として設定したことが達成されたかどうかを評価します。

6. 短い事例をもとに問題解決思考でアセスメントを体験する

前節「5. 問題解決思考」で，介護過程は問題解決思考と同じ流れを用いていることを述べました。ここでは，短い事例に対して問題解決思考を用いてアセスメントをしてみましょう。

「第2章　介護過程を学ぶための基礎」や，第4章「2. アセスメント」では介護過程の**アセスメント**を学習します。ここでは，前節で学んだ「解決したい問題を認識する（問題の自覚）」から「課題」までの演習を行い，「アセスメント」の予備学習を行います。

事例を読んだ後に，「②演習」で示した順番に従って演習を行います。学びを深めるために，まずはひとりで考えます。そして，二人や複数で意見交換をしながら演習をしていきましょう。

1 事　　例

Hさん（80歳，男性）は，妻（75歳）と二人で暮らしている。

10年前に**脊髄小脳変性症**と診断された。おもな症状は企図振戦（目的の物に触れようとするとふるえる），眼振(がんしん)（眼球がけいれんしたように動いたり揺れたりする）や構音障害である。歩くことはできないが，家の中を四つん這いで自由に移動している。

Hさんはろれつが回らないために，うまく発声できない。そのため，何を話しているかがわからないほどである。言葉の代わりに身振り・手振りなどの体の動きによって，意志や感情を相手に伝えることのほうが多い。

Hさんは日常生活の中で，時間がかかっても自分のやり方でやることを大事にしており，今まで築いたものを壊されたくないと思っている。また，週1回の訪問リハビリテーションで指導を受けた体操を毎日行っている。

食事は座卓（畳にすわって使うテーブル）で食べている。体が大きくふるえながら行動するため，座卓のちょうどよい位置に座ることが難しい。

アセスメント
アセスメント（assessment）のもともとの意味は「評価・査定」。介護過程におけるアセスメントとは，利用者に対してよりよい介護を行うために，介護を実践する前に，利用者や家族などから得られた情報や介護職の観察などから得られた情報のもつ意味を考え，情報を分析・解釈・統合しながら，利用者の生活課題や介護の方向性を検討すること。

脊髄小脳変性症
おもに小脳や脊髄の神経細胞が障害されることで発症する神経の変性性疾患。歩行時のふらつきや，手のふるえ，ろれつが回らない（お酒に酔ったようなしゃべり方）などの症状がある。体を動かすことはできるのに上手にできない，細かい運動ができないなどがある。

手をつこうとするとゆらゆらふるえるが，少しずつ近づきあぐらをかいて座る。スプーンを使って食べる動作はゆっくりで，服の上にこぼすこともある。それを手でひろい，口に運んでいる。妻が口元を拭こうとすると「いいよ」とはっきり断る。

　1年前に妻がアルツハイマー型認知症になり，だんだんと家事ができなくなった。そのため，Ｈさん夫婦には食事作りや洗濯，掃除，風呂準備などの介助が必要となり，ヘルパー（訪問介護員）の支援を毎日受けるようになった。そのころから，Ｈさんはヘルパーに対してけんかをするような態度や，介助を拒否することが出てきた。「昨日来たヘルパーは挨拶もしない」「流し台の片づけもできていない」「やることだけやってすぐ帰る。もっとゆっくり話を聞いてほしい」と言うため，ヘルパーが交代したこともあった。食事については，「自分がそのとき食べたいと思っているものが食べられないことがある」と話す。

　そのようなＨさんが，「あの人はよくやってくれる」と話すのがヘルパーＩさんである。訪問介護で訪問したＩさんは，Ｈさんの正面に正座をして「Ｈさんおはようございます」とあいさつをした。そうするとＨさんは笑顔で片手をあげて「おはよう」の合図をする。「昨夜は暑かったけれど眠れましたか？」の問いかけに「うん」，「朝ごはんを用意しますが，冷蔵庫の中のおさかなと煮物は食べますか？」に「うん」。「みそ汁は？いつもの？」と聞くと，Ｈさんは片手を上にあげ手首をひねる動作をした。「生卵をポトンするのね」と言うとうなずいた。やり取りは1分もかからなかったが，Ｈさんは終始笑顔であった。

2　演　習

■ 1）解決したい問題を認識する（問題の自覚）

　訪問介護の場面で，Ｈさんに対する支援はいくつか考えられます。ここでは，食事の支援について考えてみます。

---

❶解決したい問題は何か？
　事例を読み，Ｈさんが「食事について困っている」ことを表現している語りを見つけてみましょう。

---

❷Hさんの語りを見つけられましたか。

「自分がそのとき食べたいと思っているものが食べられないことがある」と話しています。

このことを，前節の問題解決思考の流れ（図1-3）における「解決したい問題を認識する（問題の自覚）」にして，演習を進めていきます。

■ 2）情報を収集して整理する

◆演習10◆　情報を書き出してみる

「自分がそのとき食べたいと思っているものが食べられないことがある」と話すHさんの状況や生活の様子について，情報を書き出してみましょう。

例えば，障害やその症状，コミュニケーションの方法や内容，食事の方法や食事の状況，食事に対する意見，Hさんがいやなこと，Hさんが大事にしていることや望んでいることなどの情報です。

■ 3）情報を分析・解釈する

◆演習11◆　表に記入して情報を分析・解釈する

演習11では，Hさんが「自分がそのとき食べたいと思っているものが食べられないことがある」と話していることに関連する情報を分析・解釈します。

分析・解釈…第4章
（図4-4）p.73参照。

[方法]

・演習10で選び出した情報を参考に，下表の①～③に関連する情報を，「左記の視点に関連する情報」の欄に記入する。

・「左記の視点に関連する情報」は，同じ情報を複数の場所に記入してもよい。

・分析の方法はひとつではないので，下表の①～③以外の視点で分析をしてもよい。

「自分がそのとき食べたいと思っているものが食べられないことがある」に関連する情報の分析・解釈

分析・解釈の視点	左記の視点に関連する情報	左記に書いた情報の分析・解釈
①なぜHさんはそう話すのか（Hさんの身体状況や，話す原因からみた分析）		
②Hさんの希望や意志はなにか		
③本人の強み		

◆演習 12 ◆ どのような支援が必要かを考えるためのまとめ

　演習 12 では，演習 11 の①〜③で記入した「左記に書いた情報の分析・解釈」を全体的にながめたうえで，どのような支援が必要かを考えるためのまとめを行っていきます。

　考える視点の例として，3 つを提示します。もちろん，他の視点や方法で行ってもかまいません。

・今後予測されること……①〜③の視点で分析・解釈した結果，H さんの現状が解決・改善されない場合，今後予測されることは何か（仮説）。
　（あるいは逆に，H さんの現状が解決・改善された場合，今後予測されることは何か（仮説））。
・望ましい状態……①〜③の視点で分析・解釈した結果や，上記の「今後予測されること」からみて，H さんにとってどのようなことが望ましい状態か。
・必要な支援……「望ましい状態」や「今後予測されること」からみて，必要な支援は何か。

統合・判断の視点	①〜③を踏まえたうえでのまとめ
④今後，予測されること	
⑤望ましい状態	
⑥必要な支援	

■ 4）課題の明確化

　演習 10 〜 12 を通して考えた「⑥必要な支援」では，どのようなことが出てきましたか。例えば，下記が出てきたとします。

　ア　ヘルパーと H さんとの関係形成
　イ　食事に関する要望（献立や作り方）の確認
　ウ　できる能力を活用した食事の支援

　ア〜ウはヘルパーが行うべき内容や，ヘルパー自身の課題として表現されています。しかし，ここでの「課題」とは，ヘルパー自身の課題ではなく，利用者本人からみた課題です。よって，ア〜ウを，利用者本人の視点に立って考えるとどうなるでしょうか。ア〜ウを利用者本人の視点で考えると，H さんからみた「課題」は次のように表現できます。

A　ヘルパーとよりよい関係をつくる必要がある

B　食事に関する要望（献立や作り方）を伝えたい

C　できる能力を活用して食事をしたい

■ 5）「分析・解釈」〜「課題の明確化」を文章化する

◆演習13◆　課題を文章化する

　演習11で「左記に書いた情報の分析・解釈」の欄で書いたこと，演習12で「①〜③を踏まえたうえでのまとめ」の欄で書いたことをもとに文章化します。

　文章化のヒントを下に示します。演習11・12で書いたことを，下欄の下線の中に入れて文章を作成しましょう。

　下記以外の書き方でもかまいません。

　Hさんは「自分がそのとき食べたいと思っているものが食べられないことがある」と話している。

　Hさんがそう話す原因・理由は，_____や，_____のためと思われる。

　Hさんの希望や意志は_____である。

　また，Hさんの強みは，_____である。

　このような状況に対して，Hさんの現在の状況が改善されなければ（改善されれば），_____ということが，今後予測される。また，Hさんの望ましい状態（生活）は_____である。

　以上より_____というような支援が必要である。

　そのため_____を課題とする。

介護過程を学ぶための基礎

1. 「個別ケア」,「チームアプローチ」の方法としての介護過程

　現在の介護サービスの多くは，ケアマネジメントにより作成された**介護サービス計画**（ケアプラン）に基づき行われています。本書では，介護サービス計画を「**ケアプラン**」と表現します。ケアプランは，利用者の生活を支援するために作成された計画です。ケアプランに基づきサービスが提供される場合，介護職はケアプランにそって利用者ひとりひとりの支援を行います。

　本章では，まず，ケアマネジメントと介護過程の関係をみます。そして，介護過程の定義と意義，介護過程が実践を行う「方法」であることの意味をみていきます。

1　ケアマネジメントと介護過程の関係

■ 1）ケアマネジメントとは

　介護保険法や**障害者総合支援法**では，サービスを利用する仕組みとして，「**ケアマネジメント**」が導入されています。

> **障害者総合支援法**：
> 「障害者の日常生活及び社会生活を総合的に支援するための法律」の略称。

　介護保険法や障害者総合支援法で行われているケアマネジメントとは，サービスを必要とする人のニーズと，福祉や医療などのサービスをつなぐ仕組みのことです。ケアマネジメントの定義は多様ですが，「利用者の生活を総合的にとらえ，利用者が心身の状況に応じた適切なサービスを受けられるよう，ケアプランの作成や，各種サービスを調整して適切で効果的なケアを行っていくプロセスと，それを行う仕組み」と言えます。

　介護保険法では介護度が認定された後に，介護支援専門員（ケアマネジャー）が，サービス全体の計画である「**介護サービス計画**（ケアプラン）」を作ります。障害者総合支援法では，障害支援区分が判定された後に，相談支援専門員が，「**サービス等利用計画**（ケアプラン）」を作ります。しかし，ケアマネジメントを受けるか否かは利用者の選択であり，利用者自身や家族

がケアプランを作成することも可能です（**自己作成，セルフケアプラン**）。

■ 2）ケアマネジメントと介護過程の関係

　介護保険におけるケアマネジメントと介護過程の関係を図2-1に示しました。

　ケアプランは大きく分けると，「居宅サービス計画」，「施設サービス計画」，「介護予防サービス計画」の3種類があります。ケアプランの中で「援助内容」として記されたサービスを提供する各事業所や各専門職は，「**個別サービス計画**」を作成します。

　「個別サービス計画」とは，ケアプランに記載された「総合的な援助の方針」「生活全般の解決すべき課題（ニーズ）」，「目標」などを踏まえて，目標を達成するために立てた具体的な計画です。訪問介護事業所のサービス提供責任者が作成する個別サービス計画は「**訪問介護計画**」と呼び，介護保険施設な

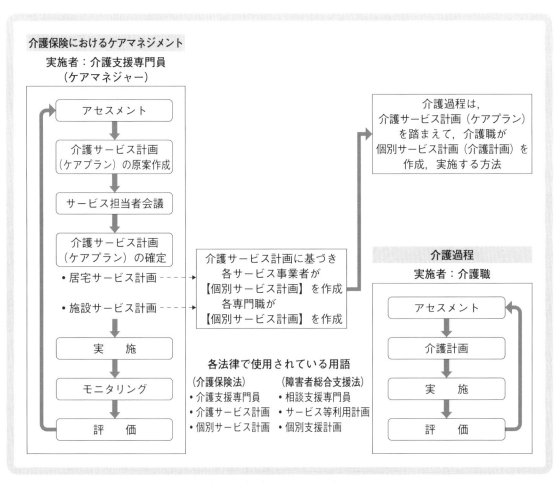

図2-1　ケアマネジメントと介護過程の関係

どの介護職が作成するものは「**介護計画**」と呼びます。

「介護過程」は,介護職が自己の専門性を活かし,介護職が利用者個別の状況にそって「個別サービス計画（介護計画）」を作成,実施するときの方法と考えられています。

■ 3) ケアマネジメントで使用する記録用紙

ケアマネジメントで行われるアセスメントや,使用する記録類について,国は標準例を示しています。アセスメントに関しては**課題分析標準項目**として必ずアセスメントすべき内容を 23 項目指定しています[*1]。アセスメントを踏まえて記載する「サービス計画書」については,図 2-2 に「居宅サービス計画書」の標準様式を示しました。

現場の多くは,標準様式にそった記録用紙を使用しています。しかし国は,標準様式以外の使用を禁止しているわけではありません。必要に応じた工夫も行われており,小規模多機能型居宅介護のケアマネジメントでは,サービスの目的や特徴を踏まえて作成されたライフサポートワークの記録用紙を活用する事業所もあります[*2]。

[*1]「介護サービス計画書の様式及び課題分析標準項目の提示について」（平成 11 年 11 月 12 日,老企第 29 号厚生省老人保健福祉局企画課長通知）

[*2] 小規模多機能型居宅介護のポイントとして,①本人の思いや願いをかなえる支援,② 24 時間 365 日「その人らしい暮らしを支える」,③馴染みの地域で暮らし続けることの支援,④地域との支えあいの 4 つを置き,小規模多機能型居宅介護のケアマネジメントの考え方と記録様式をセットにして開発されたものが「ライフサポートワーク」である。2019 年に記録様式が修正され,提示されている。

第 1 表	居宅サービス計画書 (1)	作成年月日　　年　　月　　日

初回・紹介・継続　　　　認定済・申請中

利用者名　　　　　　殿　生年月日　　年　　月　　日　　住所

居宅サービス計画作成者氏名

居宅介護支援事業者・事業所名及び所在地

居宅サービス計画作成（変更）日　　年　　月　　日　初回居宅サービス計画作成日　　年　　月　　日

認定日　　年　　月　　日　　　　認定の有効期間　　年　　月　　日～　　年　　月　　日

要介護状態区分	要介護 1 ・ 要介護 2 ・ 要介護 3 ・ 要介護 4 ・ 要介護 5
利用者及び家族の生活に対する意向	
介護認定審査会の意見及びサービスの種類の指定	
総合的な援助の方針	
生活援助中心型の算定理由	1. 一人暮らし　　　2. 家族等が障害,疾病等 3. その他（　　　　　　　　　　　　）

居宅サービス計画について説明を受け,内容に同意し交付を受けました。	説明・同意日	年　　月　　日	利用者同意欄		印

| 第2表 | | 居宅サービス計画書（2） |

利用者名　　　　　　　　　　　　殿

作成年月日　　　年　　　月　　　日

生活全般の解決すべき課題（ニーズ）	目　標				援　助　内　容				
	長期目標	（期間）	短期目標	（期間）	サービス内容	※1	サービス種別	※2	頻度	期間

※1　「保険給付の対象となるかどうかの区分」について，保険給付対象内サービスについては○印を付す。
※2　「当該サービス提供を行う事業所」について記入する。

居宅サービス計画について説明を受け，内容に同意し交付を受けました。	説明・同意日	年　　月　　日	利用者同意欄		印

| 第3表 | | 週間サービス計画表 |

利用者名　　　　　　　　　　　　殿

作成年月日　　　年　　　月　　　日

		月	火	水	木	金	土	日	主な日常生活上の活動
深夜早朝	4:00								
	6:00								
	8:00								
午前	10:00								
	12:00								
午後	14:00								
	16:00								
	18:00								
夜間	20:00								
	22:00								
深夜	24:00								
	2:00								
	4:00								
週単位以外のサービス									

図2-2　居宅サービス計画書の標準様式

② 介護過程の定義と意義

■ 1) 介護過程の定義

　介護過程は, 先に述べたように, ケアマネジメントによる「ケアプラン」に基づき作成される「個別サービス計画」と関連します。

　本書では, 介護過程を下記のように定義します。

【介護過程の定義】

　介護過程とは, アセスメント, 介護計画, 実施, 評価の一連のプロセスをいう。介護過程は, 介護における支援の根拠を明確にし, 妥当性のある根拠に基づく実践を導くための思考過程であり, 支援を行うための実践過程である。

　介護保険法では, 介護支援専門員が作成する「サービス計画」を踏まえて各専門職が作成する「個別サービス計画」のうち, 介護職が「個別サービス計画（介護計画）」を作成・実施・評価する一連の過程をいう。

■ 2) 介護過程が「思考過程」「実践過程」であることの意味

　介護過程の定義で, 介護過程とは「根拠に基づく実践を導くための思考過程であり, 支援を行うための実践過程である」と位置付けました。

　「過程」の意味は, 物事が進行してある結果に達するまでの道筋, 物事が進んでいく途中のそれぞれの段階（steps）を示しています。つまり, ある結果に達するためには, 段階を踏んで進むこと, 一定の手順や順番があるということです。

　介護過程は, アセスメント→介護計画→実施→評価という4つの順に進みます。介護過程は, この4つの順に進み, その中で考えることを伴う過程です。その思考過程は, 思いつきやバラバラの方法ではなく, どのようなことを考える必要があるのかという一定の視点や, 思考内容に妥当性があり他者と共有できるようなものであることが望ましいと言えます。

　また, 実践の場面では, アセスメントを踏まえて作成した介護計画を実施し, 実施した結果を評価する必要があります。介護過程は, 単に思考の道筋を示す思考過程という意味だけでなく, 実践の方法を示す実践過程と言えます。また, 介護計画はアセスメントを踏まえて作成しますので, 介護計画を実施することは根拠に基づいた実践と言えます。さらに, 介護計画に記載された生活支援技術などの方法についても, どのように行うかの根拠を踏まえて実践するとよりよい実践ができます。

　介護過程について, 介護を行うための「思考過程」と「実践過程」という

2つの視点から説明をしました。どちらも大切で，両方が合わさって介護過程です。

■ 3) 介護過程を展開する意義

なぜ介護過程を展開（実施）して，利用者の生活を支援するのでしょうか。介護過程を展開する意義は，以下のことが考えられます。

① 利用者にとって，ひとりひとりが望む自分らしい生活や，よりよい生活・人生の実現に対して，適切な支援を考えることができる。

② 利用者の心身の状況に応じた質の高い個別ケアを提供できる。

③ 介護過程を継続的に行うことで，利用者の生活を継続的に支援することができる。

④ 専門的知識・技術を根拠に考え，その根拠や考えを言語化して記録し，考えに基づいた実践を行うことで，根拠に基づいた支援ができる。

⑤ 利用者ひとりひとりの個別ケア，同職種連携および多職種連携によるチームアプローチができる。

⑥ 介護過程の実践を蓄積することで得られた成果や，知識・技術は，その介護過程に関係のある利用者だけでなく広く活用できる。

3　介護過程が実践の「方法」であることの意味

介護過程は，「個別ケア」や「チームアプローチ」を行うための方法のひとつです。

■ 1)「個別ケア」の方法としての介護過程

ケアプランを踏まえ，介護職が利用者個々人に対してどのような目標・方法で支援を行うかを整理したものが「**個別サービス計画（介護計画)**」です。

個別ケア（**個別支援**）とは，どの利用者にも同じような対応をするのではなく，利用者ひとりひとりをみて，個人の心身の状況やニーズにそって個別に支援を行うことです。個別ケアを行うためには，何よりも利用者自身のことを知らなければなりません。身体・心理・社会的な側面や，その人が生活する環境・文化・地域などを踏まえて理解することが大切です。そして，利用者と生活の目標を共有し，利用者と協働しながら利用者の生活にかかわります。

介護過程を展開して利用者個々に沿った支援を検討することは，個別ケアの方法のひとつです。

図2-3 介護職チーム全体の考え方の統一がだいじ

■ 2)「チームアプローチ」の方法としての介護過程

　ある目的のために協力するグループをチームと言います。そして，チームでケアを行うことを**チームアプローチ**と呼んでいます。チームアプローチの形態はさまざまですが，大きく2つに分けると，同職種によるチームアプローチ，多職種連携によるチームアプローチがあります。

(1) 介護職によるチームアプローチの実践を支える介護過程

　同職種によるチームアプローチとして，介護職による介護サービスの提供があります。介護職同士の連携と協働によるチームアプローチです。

　介護職同士によるチームアプローチを行うためには，「どのような目標をもって」，「どのような方向性で」，「何を行うか」の考え方を介護職が共有することが大切です。

　チームで考え方を共有するために課題になることを2つあげます。1つは，介護職チームがどのような理念・目標・方向性をもって行うかについての,「全体的な考え方の統一」です。2つめは,利用者個々人の「個別サービス計画（介護計画）」，つまり個別ケアに対する内容についてです。まず，全体的な考え方の統一がないと，チームは同じ方向に向かって進めません。そして，個別サービス計画（介護計画）の内容をみなで共有していないと，チームで統一した支援を行うことはできません。

　個別サービス計画（介護計画）は介護過程を通して作成・実施されますので，介護過程は介護職によるチームアプローチの実践を支える方法であると言えます。

(2) 多職種連携によるチームアプローチを介護職が行うときの実践を支える介護過程

　利用者の尊厳ある生活の保持や自立支援は，介護職だけでは達成できませ

図2-4　各職種の専門性を理解し，連携して対象者にかかわる

ん。保健医療・福祉専門職や関係者がよりよい連携を図ることで達成できます。

　多職種連携によるチームアプローチでは，多くの専門職がかかわります。多職種連携によるチームアプローチの原則は，チームを形成する職種が共通の理念・目標・方向性をもってかかわること，情報を共有することです。そして，各専門職がもつ知識や技術を持ち寄り，課題解決や目標達成に当たることが期待されています。そのために介護福祉士は，チームを構成する職種の専門性を理解しておくこと，自己の専門性を理解しておくことが大切です。

　また，介護福祉士は多職種連携によるチームアプローチの一員として，自己の意見をきちんと述べられる必要があります。この点において介護過程は，介護福祉士が，多職種連携によるチームアプローチを実践する際の基盤を提供するものと言えます。また，多職種連携によるチームアプローチの中で得られる情報や他職種からの意見は，介護過程を通して作成した個別サービス計画（介護計画）が適切であるかを評価するデータを得ることにもつながります。

4　「方法」としての特性

■1）介護過程は，問題解決思考を方法とする

　問題解決思考とは，何らかの問題や課題を解決するために，アセスメント・計画・実施・評価という一連の要素を通して，問題（課題）を解決する方法のことです。この一連の要素を踏まえて行われる方法は，「問題（課題）解

決思考」,「問題(課題)解決過程」などと呼ばれています。ここでは問題解決思考と呼びますが,一連の要素を手順とする方法は,ものごとを考えるときや,解決方法を導くときに,あらゆる領域で使用されています。

　介護過程の構成要素(枠組み)は,基本的には問題解決思考と同じ流れです。介護過程が問題解決思考を方法とする理由のひとつは,他領域でも用いられる方法であり,一定の手順として妥当であることです。もうひとつは,一連の要素の段階で,利用者・家族の意向を取り入れることや,知識や技術を用いて検討することにより,支援の妥当性を高めることができるからです。

■ 2) 介護過程は,人間関係の形成を基盤に展開する方法である

　介護過程で最も大切なことは,利用者と介護職の人間関係の形成です。人間関係の形成がなければ,利用者の意思を無視し,一方的なかかわりになる可能性があります。利用者のよりよい生活を目指して実践を行うために,介護職は利用者とのかかわりの中で意思の疎通や感情の交流を行い,利用者・家族との信頼関係を築くことが大切です。

　利用者の生活支障や生活ニーズが何であるかは,利用者の状況によって変化します。加えて,介護職自身が利用者の生活ニーズをどうとらえるかや,利用者と介護職の関係性によっても変化する可能性があります。

　利用者本人にとって必要な支援を行うためには,介護職には利用者とのよりよい人間関係の形成や,利用者の生活の歴史や価値観の共有,利用者が望む生活の共有などが求められます。そして,利用者と介護職が関係を形成し,協働しながら介護過程を展開するという心構えが大切です。

■ 3) 介護過程は,介護福祉士が有する理念・倫理・知識・技術の影響を受ける

　「なぜこのような状況になっているのか」「どのような支援がよいのか」を考えるには,状況を整理・分析し,判断することが必要です。また,根拠に基づく実践が大切です。これらのためには,観察や分析・推論,判断する力などが求められます。他方,観察や判断などは,それを行う人がもつ人間観や文化,知識などによる影響を受けます。すなわち,介護過程は,介護過程を展開する人が有している理念・倫理・知識・技術の影響を受けます。

　理念・倫理・知識・技術の言葉についてですが,介護が日常生活を支援する実践活動であることを踏まえ,本書では次のような意味で使用しています。

> 理念：こうあるべきだという基本の考え方。「尊厳の保持，利用者主体，
> 　　　自立支援」など。
> 倫理：介護福祉士としての役割や責任を果たすために，自分の行動を律
> 　　　する基準。（日本介護福祉士会倫理綱領）
> 知識：介護の目的を遂行するために介護福祉士がもつ知識。
> 技術：知識を効果的に用いるための方法と能力。目的を遂行するための
> 　　　行為・技法・手順。

　介護過程を展開する人が有している理念等によって影響を受けるという意味は，介護職側のありようによって介護過程の内容は変化する可能性があるという意味です。たとえば，介護職が利用者に接する態度，介護職と利用者の関係性，介護職自身の価値観，介護職が何に気づき何を大切と考えるか，どのような知識を活用しどのように判断するかなどによって，変化する可能性があります。自分自身が他者に影響を与える場合があることを，心に留めておく必要があります。

2. ICF の生活機能モデルと介護過程

① ICF（国際生活機能分類）

　ICF（国際生活機能分類）とは「International Classification of Functioning, Disability and Health」の略で，直訳すると「生活機能，障害と健康に関する国際分類」です。つまり分類であり，「心身機能・身体構造」，「活動」，「参加」の３つの次元と「環境因子」が約1,500項目に分類されています。分類を用いることは国際的な比較が可能であり，調査や結果の測定など，さまざまに活用されています。

　しかし，ICF は「分類」という側面だけではなく，人が「生きる」ことを示す「モデル」という側面があります。ここでは，モデルという側面についてみていきます。

② ICF の構成要素

　ICF における「生活機能と障害」，「背景因子」に含まれる構成要素の概要を示したのが，図2-5です。

生活機能と障害			背景因子	
心身機能・身体構造 body functions and structures	活動 activities	参加 participation	環境因子 environmental factors	個人因子 personal factors
生命レベル	生活レベル	人生（社会）レベル		生活機能と障害への内的影響
・身体系の生理的機能（心理的機能を含む） 身体の構成や解剖学的な部分	・生活の具体的な行為 ・生活をするうえで目的をもった一連の動作や生活行為 ・日常生活動作（ADL） ・家事, 買い物, 電話をかける, 外出などのIADL ・仕事・趣味・スポーツ・交流を行うのに必要な行為	・生活・人生場面へのかかわり ・さまざまな役割を果たしたり, さまざまな状況に関与すること ・家庭や社会などで何らかの役割を果たすこと ・仕事・趣味・スポーツ・交流などに参加したりかかわること	・物的環境（用具, 住環境, 交通機関など） ・人的環境（周囲の人びととその人びとがとる態度） ・社会環境（社会制度, サービス, サービス提供者など） ・環境がもつ促進的あるいは阻害的な影響力	個人的な特徴で内的な影響力を与えるもの（年齢, 性別, 生活歴, 学歴, 職業歴, 価値観, ライフスタイル等）
	活動 参加	実行状況：現在の環境における課題の遂行 能　力：標準的環境における課題の遂行	促進因子	
機能障害（構造障害含む） impairments	活動制限 activity limitations	参加制約 participation restrictions	阻害因子	
著しい変異や喪失などといった, 心身機能または身体構造上の問題	個人が活動を行うときに生ずる難しさのこと	個人が何らかの生活・人生場面にかかわるときに経験する難しさのこと		

図 2-5　ICF の構成要素の概要

障害者福祉研究会（2002）『ICF 国際生活機能分類—国際障害分類改定版』中央法規出版, 10. 上田敏（2006）『ICF の活用と理解』萌文社. を元に作成

■1）生活機能と障害

（1）生活機能

　「生活機能」（functioning）*とは，ICF の構成要素である「心身機能・身体構造」，「活動」，「参加」の 3 つ全てをまとめた概念（ある事柄を説明する言葉，考え方）です。

　「心身機能・身体構造」，「活動」，「参加」の意味や内容は，図 2-5 にある

*「生活機能」「障害」の用語は包括用語である。包括とは，全体をひっくるめてまとめること。

通りです。

「生活機能」の意味は，次のように理解できます[1][2]。

・生活を営んでいる人間が発揮できる機能の総称である。

・「人が生きる」という点で，肯定的な意味がある。

（2）生活機能の中に困難さが生じている状態を「障害」と呼ぶ

ICF では，「人が生きる」うえでの困難や，問題が生じている状態を，「障害」（disability）という概念で説明しています。つまり，「生活機能」という肯定的側面（プラスの側面）の中に困難さが生じている状態を「障害」ととらえます。

・「心身機能・身体構造」に問題が生じた状態……機能障害・構造障害

・個人が「活動」を行う際の困難さ……活動制限

・個人が「参加」にかかわる際に経験する問題……参加制約

■ 2）背 景 因 子

「生活機能と障害」に影響を及ぼすものが「背景因子」です。背景因子は，「環境因子」と「個人因子」から構成されます。

（1）環 境 因 子

環境因子とは，個人の周りにある物的環境，人的環境，社会的環境などのことです。環境因子は，個人の生活や人生に対してプラスの影響を与えるものと，マイナスの影響を与えるものがあります。

・「生活機能」に対してプラスの影響を与えるもの……促進因子

・「生活機能」に対してマイナスの影響を与えるもの……阻害因子

（2）個 人 因 子

個人因子とは，その人固有の特徴です。たとえば，性別，年齢，性格，願い・思い，心理的な資質，教育歴や職業歴，過去の経験，ライフスタイル，価値観，習慣などです。

３ 活動と参加

■ 1）「活動と参加」の内容

ICF における「活動と参加」の一括表を，表2-1に示します。この表より，「活動と参加」は，「活動」と「参加」に分けて分類されているのではなく，同じ領域で分類されていることを理解できます。

■ 2）「活動」と「参加」の違い

ICF では「活動と参加」を同じ内容で分類していますが，「活動」と「参加」

表 2-1　ICF における「活動と参加」の分類

領　域 （第 1 レベルの分類）	第 2 レベルの分類 （一部抜粋）	評価点	
		実行状況	能力
1　学習と知識の応用	目的をもった感覚的経験，基礎的学習，知識の応用		
2　一般的な課題と要求	単一課題の遂行，複数課題の遂行，日課の遂行，ストレスや心理的要求への対処		
3　コミュニケーション	コミュニケーションの理解，コミュニケーションの表出		
4　運動・移動	姿勢の変換と保持，歩行と移動，交通機関や手段を利用しての移動		
5　セルフケア	自分の身体を洗うこと，身体各部の手入れ，排泄，更衣，食べる・飲むこと，健康に注意すること，その他のセルフケア		
6　家庭生活	必需品の入手，家事，家庭用品の管理および他者への援助		
7　対人関係	一般的な対人関係，特別な対人関係		
8　主要な生活領域	教育，仕事と雇用，経済生活		
9　コミュニティライフ・社会生活・市民生活	コミュニティライフ，レクリエーションとレジャー，宗教とスピリチュアリティ，人権，政治活動と市民権		

の用語は，それぞれ区別して用いられています。

(1) 活動：個人による課題や行為の遂行

「活動」とは，『個人による課題や行為の遂行』のことです。

食事・排泄・移動などの日常生活動作（ADL：activities of daily living）や，家事・電話をかける・電車に乗るなどの手段的日常生活動作（IADL：instrumental activities of daily living）のように，日常生活を送るという目的のために行う行為です。外出・仕事・趣味・スポーツ・交流など，何かの課題を行うための行為も入ります。

(2) 参加：生活・人生場面へのかかわり

「参加」とは，『生活・人生場面へのかかわり』のことです。

「参加」は広い概念で，家庭や社会などで何らかの社会的役割を果たすことです。仕事・趣味・スポーツ・地域参加・文化・交友などに参加することや，それにかかわることが含まれます。

活動（個人による課題や行為の遂行）	参加（生活・人生場面へのかかわり）
食事を食べる	どのように食べるか，何を食べるかの意見を言う
食事を作る	食事を作る役割を果たす，料理の方法を指示する
美術館に行くために車椅子で移動する	美術館で絵を見るのが趣味

たとえば，食事・排泄・移動などの ADL を行うことは「活動」です。一方，

食事・排泄・移動を自分で行うことはできないが，それらに対して自分の意見や要望を述べたりすることは，生活行為の場面に自分がかかわることであり，「参加」です。また，趣味のために何かの行為を行うことは「活動」ですが，趣味自体を楽しむことや趣味の場面に参加することは「参加」です。

■ 3)「能力」は簡単に評価できない

表2-1に示したように，「活動と参加」の評価点は，「実行状況」と「能力」です。

ICFでは「活動」を，実行状況（している活動）と，能力（できる活動）とに分けるのが重要な点です[2]。「実行状況」とは，現在の生活で実際に行っていることや，見守りやうながしでしていること，介助を受けてしていることです。

「能力（できる活動）」は，がんばればできることや，隠れた能力のことです。しかし，これら能力に関する評価は正しく行わなければならないので，簡単に評価はできません。

4　生活機能モデル

■ 1)「生きることの全体像」を示す生活機能モデル

図2-6は，ICFの「生活機能モデル」[3]です。この「生活機能モデル」は，「生きることの全体像」を示すモデルです。

モデル図の中央には，生活機能の各レベルである「心身機能・身体構造」，「活動」，「参加」の3つが配置されています。さらに，生活機能に影響する因子として，「健康状態」，「環境因子」，「個人因子」の3つを配置しています。これら合計6つが，ICFの「生活機能モデル」の構成要素です。

■ 2) 生活機能モデルは矢印が大事

「ICFの生活機能モデル」は，矢印が大事です。

矢印（↔）は，各構成要素が相互に影響しあうことを意味します。矢印が示す意味は，次の2つがあります。

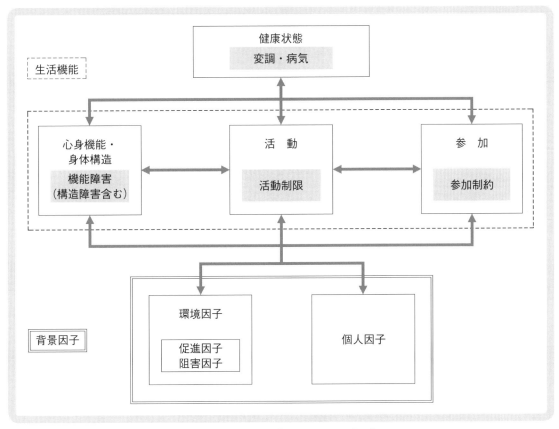

図 2-6　ICF の「生活機能モデル」

出典）大川弥生（2009）『「よくする介護」を実践するための ICF の理解と活用—目標指向的介護に立って』中央法規出版，18. を一部改変

① 矢印は，原因や結果の因果関係を示すものとしてみることができる。
（例）・「心身機能・身体構造」が原因で→「活動」に不自由が起こる。
　　　・「環境」が原因で→「活動」に不自由が起こる。
② 矢印は，プラスに働く相互作用，マイナスに働く相互作用としてみることができる。
（例）・「活動」が低下することにより→「心身機能・身体構造」が低下する。
　　　・「活動」が向上することにより→「心身機能・身体構造」が向上する。
　　　・「環境」がよければ→「活動」のプラスになる。
　　　・「環境」が不適切であれば→「活動」のマイナスになる。

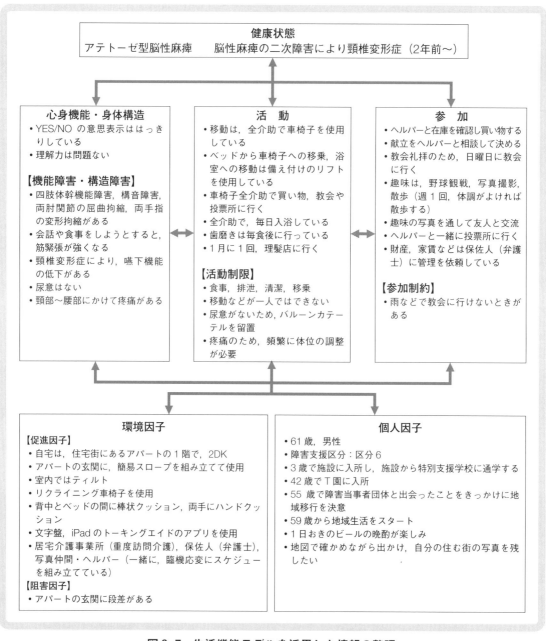

図 2-7　生活機能モデルを活用した情報の整理

⑤ ICF をアセスメントに活かすとは

　　ここでは，「ICF の生活機能モデル」の考え方から，ICF をアセスメントに活かす視点や，活かす方法について述べます。

■ 1）生活機能モデルは「客観的な全体像」をみるために活用できる

図 2-7 に,「生活機能モデルを活用した情報の整理」を示しました。

「生活機能モデル」の各構成要素の中に情報を記入することで, 健康状態, 心身機能, 活動, 参加, 環境因子, 個人因子がどのような状況なのかを把握することができます。そして, 6 つの構成要素の中に書かれた情報のひとつひとつが, 他の情報とどう関連しあっているかの関係性をみることで, 利用者の生活の全体像を理解することに役立ちます。

ただし, ICF の「生活機能モデル」は,「客観的な全体像」をみるという意味で活用できるモデル図です[2]。「客観的」とは,「自分の考えから離れて」「第三者の立場で」という意味です。要するに, その人の全体像をみるときに, 第三者の目をもって考えることのできるモデル図であるということです。多角的な視点でみる, 自分勝手な視点だけでみない, 生活の全体像を把握しやすいという意味で, 有効なモデル図です。

一方,「客観」の反対は「主観」です。人の心の中には, その人自身の悩み・苦しみ・価値観・生き方などがあります。そのようなことを含んで, その人が体験している世界は, 第三者にはみえないことがあります。

その人にしかわからないことがあり, 第三者からみた客観的な視点だけでは説明できないことがあります。そのため, ICF の生活機能モデルは, その人が自分の病気や障害をどう体験しているか, 悩みや喜び, 願い・思いなどが生き方にどう影響しているかなどを説明するには限界があります[2]。生活機能モデルだけで, 人が生きることの全てを把握できるわけではありません。

よって, 第 6 章で紹介するナラティブ・アプローチ[*1]や, SEIQoL[*2]という, その人の主観的世界から理解する方法も重視されています。

■ 2）「活動」「参加」に注目する
（1）生活の支障は, 活動・参加の中に現れる

私たちは, 自分の生活の仕方や生活の目標を自己選択・自己決定しながら生きており, 自分の意志で生活を営むことは自立の原点です。しかし, 何をしたいかやどのように生活をしたいか, 何ができるか, どのような生活が望ましいかなどは, その人の心身の状況や健康状態, その人が生活する環境や, 心のあり方によっても変わってきます。このように, その人が生きて生活を営む姿には個別性があります。そして, その人の生活の個別性や, 生活における支障は, ICF における「活動」「参加」の中に現れます。

介護福祉士の「目的」は,『社会福祉士及び介護福祉士法』で,「心身の状況に応じた介護」「介護に関する指導」と定義されています。「心身の状況に

*1 ナラティブ・アプローチ（pp.119-120）。本人自身の語りに耳を傾け, その人の主観的世界を理解する接近方法。

*2 SEIQoL（p.122）。生活の質（QOL）の評価法のひとつ。生活の質について, その人にとっての重要な生活領域がうまくいっているか・満足しているかを, その人自身が評価する。

応じた介護」の意味は，①生活を維持するために必要な食事・排泄・移動などの ADL や掃除・洗濯などの IADL に関する生活行為を支援する，②利用者ひとりひとりの状況が異なるため，その人の状況に応じて必要な支援を行う，ということです。介護福祉士の職務は，介護を必要とする人に対する日常生活の支援ですが，とくに ICF における活動・参加を支援する専門職と言えます。

(2) 活動は参加の手段

活動を「している」「できる」ようになれば，趣味や社会参加などの「参加」につながる可能性があります。ただし，活動制限＝参加制約ではありません。「活動」を「している」「できる」ようになることが「参加」を実現する場合もあれば，「活動」に対する支援を受けることで「参加」を実現することもあります。

「活動」は「参加」という目的を果たすための手段であることを念頭に置く必要があります。「活動」は生活を営む基盤ですので，介護福祉士が「活動」にかかわることは，「参加」を保障することにつながります。また，ADL や IADL の生活行為という「活動」に関する場面で利用者の意思や要望を尊重すること，自己決定を支援することも，「参加」の保障につながります。

(3) 生活機能モデルの矢印を活かして情報を分析する

ICF の「生活機能モデル」の矢印（↔）は，各構成要素が相互に関連しあっていることを意味します。情報を分析するときは，①各構成要素に含まれる情報ひとつひとつの意味を考える，②矢印で結ばれた情報がどのように影響しあっているかを考える，ことが大切です。

「生活機能」は，「健康状態」，「背景因子」と相互に影響しあっています。よって，相互作用を表す矢印の関連性をみて，「背景因子（環境因子，個人因子）」や「健康状態」が，「生活機能」に及ぼす影響を考えます。

(4) 環境因子と個人因子の個別性をみる

「生活機能と障害」に影響を与えるものとして，ICF は「背景因子」（環境因子，個人因子）を置いています。

背景因子に含まれる「環境因子」について，ICF は詳細な分類を提示しています。人びとの生活・人生に環境因子が及ぼす影響は多様だからです。環境因子は本人の視点で評価します。ある環境因子は生活機能の促進因子になり，ある環境因子は阻害因子になります。環境因子における阻害因子は，物的環境の不備，人的環境の不備，周囲の人びとの態度や価値観，制度上の不備，参加の機会が制約されることなどがあります。

一方，背景因子に含まれる「個人因子」，つまりその人固有の特徴は非常に多様です。そのため，ICF で個人因子の分類項目は提示されていません。

表 2-2 「活動」「参加」の事実に関連するプラス面とマイナス面の情報

「活動と参加」の情報に対する，プラス面・マイナス面の情報	心身機能・身体構造 活動 参加 個人因子	「活動と参加」に関する情報	
		プラス面（その人の長所・強み・よい点）	マイナス面
	環境因子	促進因子	阻害因子

積極的な性格や，意欲があるなどの個人因子は，生活機能の維持・向上にプラスの影響を与える場合があります。反対に，意欲があるために動きすぎて身体機能が悪化するなど，マイナスの影響を与える場合もあります。個別性を重視するために，個人因子に含まれる本人の願いや思い，価値観，生活歴などをアセスメントに反映させることが大切です。

(5) プラス面とマイナス面の両方をみる

ICF における障害の考え方は，「生活機能」という肯定的側面（プラスの側面）の中に，問題や困難が生じた状態を「障害」ととらえます。これは，障害というマイナス面だけをみるのではなく，生活機能というプラス面に生じた困難が障害である，生活機能のプラス面を重視するという重要な考え方が含まれています。しかし，介護の必要な人は，身体や生活に問題がなければ，そもそも介護を必要としません。身体機能の衰えや認知機能の障害，意欲の低下，物理的バリアなどは，生活を送るうえでのマイナス状況になることが多いですが，これらをゼロにすることは難しいと言えます。それとは反対に，人は生きている限りプラス面を持っており，これがゼロになることもありません。

人は，プラス面とマイナス面の両方をもっています。よって，次のように，両方をみる視点が大切です。
・プラス面（長所・強み・よい点・していること・できること・願い・要望など）に着目する，プラス面から出発する。
・マイナス面（機能障害・構造障害，活動制限，参加制約，阻害因子）の状況を理解する。
プラス面とマイナス面の両方をみる視点として，表 2-2 を示します。

6 ストレングスに着目した支援

　前項では，「プラス面に着目する」，「プラス面から出発する」ことの大切さを述べました。プラス面という表現は，個人のもっている「長所，強み」と言い換えることができます。

　個人のもっている「長所，強み」を，「ストレングス（strength）」と呼びます。詳しくは，第6章に書かれています。

　利用者のストレングスに目を向け，ストレングスを活かした支援を行うことは，その人の望む生活を支援することにつながります。また，支援の可能性を広げます。ストレングスは，個人がもっている強みと，個人を取り巻く環境の強みという2つの面からとらえることができます。

【個人がもっている強み】

　　願い・要望，意思，意欲

　　身体的な能力，できること，していること，やってきたこと

　　趣味，得意なこと，経済力など

【個人を取り巻く環境の強み】

　　家族，友人，支援者がいること，地域の助け合い，ネットワーク

　　住環境，地域の環境，物理的資源，文化，制度など

ストレングスに着目して支援を行うためには，次のことを大切にします。

　・人はみな，ストレングスをもっている。他者のストレングスを肯定的にとらえる。

　・「こうありたい」，「このような生活をしたい」という利用者の願い・要望，意思を尊重する。

　・「困りごと」や「こうありたい」という利用者の状況に対し，利用者のストレングスを活かして支援を考える。

　・利用者と介護職が協働して取り組む。

●文　献
1）障害者福祉研究会（2002）『ICF 国際生活機能分類—国際障害分類改定版』中央法規出版.
2）上田敏（2005）『ICF（国際生活機能分類）の理解と活用—人が「生きること」「生きることの困難（障害）」をどうとらえるか』きょうされん.
3）大川弥生（2009）『「よくする介護」を実践するための ICF の理解と活用—目標指向的介護に立って』中央法規出版.

第 3 章

介護過程展開の視点

1. 介護過程の構成要素

　介護過程の構成要素は，「アセスメント」，「介護計画」，「実施」，「評価」の４つです。

　図3-1に「介護過程の構成要素」を示しました。

　本書では「アセスメント」を，①情報収集，②情報の分析・解釈，③統合・判断に分けています。

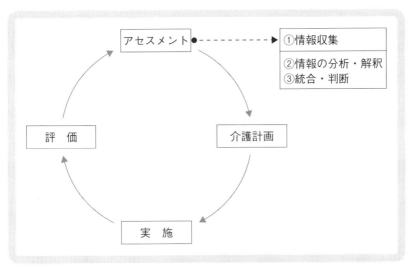

図3-1　介護過程の構成要素

2. 介護過程における「アセスメント」の概要

① アセスメントの目的

アセスメント（assessment）には，「評価」，「判断」，「査定」，「見きわめ」の意味があります。

アセスメントを行う目的は，必要な支援を検討することです。つまり何のために「評価」，「判断」をするのかというと，下記のような目的があります。

・利用者の状況に沿った介護を行う。

・質の高い介護を行う。

・介護福祉の目的を踏まえ，専門的な視点で介護を行う。

・根拠に基づく実践を行う。

アセスメントの基本は，情報（事実）に基づき分析・解釈をすることです。

介護過程におけるアセスメントとは，情報を収集し（情報を収集しながら），情報の分析・解釈を行い，支援の方向性を総合的に判断し，介護計画を立案して取り組むための「生活課題」を抽出することです。

② アセスメントのプロセス

アセスメントのプロセスは，いろいろあります。例を図3-2に示しました。

Aは，利用者の言動（訴え，願い，行動など）や，介護職が注目する情報

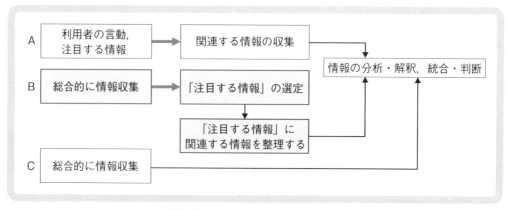

図3-2　アセスメントのプロセス

（気になる情報）に対し，それらに関連する情報を中心に収集し，情報の分析・解釈をすすめる方法です。

　Bは，情報収集シートなどを用いて総合的に情報収集を行い，その情報の中から注目する情報（気になる情報）を選び，関連情報をみながら情報の分析・解釈をすすめる方法です。

　Cは，情報収集シートなどを用いて総合的に情報収集を行い，全体的な情報をみながら，情報の分析・解釈をすすめる方法です。

　本書では，Bに基づきすすめていきます。

3. 利用者のニーズ，意思・意向の尊重は介護過程の原点

　身体上または精神上の障害があることにより「日常生活を営むのに支障（困難）」のある人が介護サービスを利用する理由は，サービスを必要とするニーズ*があるからです[1]。

　ニーズは，その人の身体・精神・社会的状況によって異なります。自分でニーズを表明できる人もいれば，認知症や知的障害などの原因によりニーズを表明することが難しい人もいます。どのようなニーズがあるのか，個々人のニーズを把握することが大切です。

　また，利用者は自分自身の人生を生きています。利用者の生活の主体者は，利用者自身です。利用者の意思・意向を尊重して支援を行う，利用者による選択と決定，利用者中心という考え方は，現代における社会福祉サービスの基本理念です。

　以上のように，利用者のニーズは何かを把握すること，利用者の意思・意向を尊重することは，介護過程を進めるうえでの原点です。

4. 生活の基盤である日々の日常生活の支援

　介護職の専門性は，生活の基盤である日々の日常生活の支援です。

　その支援の特徴は，利用者の身近な場所で毎日の生活に継続的にかかわることです。生活の基盤である食事・排泄・清潔などを整えます。また，日々の日常生活を支援することは，その人の活動・参加にかかわることです。このことは，社会生活や人生にかかわると言えます。

＊　ニーズ
　needs。needの複数形。必要，要求，需要。

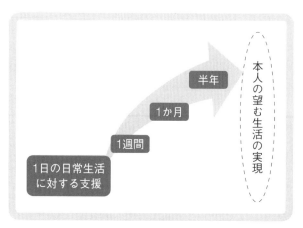

図3-3　介護職の支援

図3-3のように，1日1日の日常生活を支援することは，未来の生活につながります。

5. 介護過程展開の視点

1 『実践の目的』，『実践の基盤』

　介護福祉は目的をもった実践です。目的を達成する方法はさまざまですが，介護過程は介護福祉の目的を達成するための方法のひとつです[2]。

　『社会福祉士及び介護福祉士法』において「介護福祉士」の定義は，「心身の状況に応じた介護」「介護に関する指導」を行うとなっています。しかし，法律に記された「心身の状況に応じた介護」の中身は幅広いため，向かうべき方向性がわかりにくいと言えます。介護過程も「心身の状況に応じた介護」のために行われますが，この用語だけでは介護過程で何を考えたらよいかがわかりにくいと言えます。

　そのため本書では，介護過程を展開するときのひとつの考え方として，「介護過程展開の視点」を提示します。これは，『実践の目的』と『実践の基盤』という観点から示したものです。

　『実践の目的』は，生活のニーズはマズローの欲求階層説*のように階層性があること，介護福祉の実践には「利用者のため」という目的があることをふまえて検討[2]し，実践の目的をひとつのモデルとして提示しました。そして，『実践の基盤』と位置付けたものは，法制度の考えに基づいています。法制度における「介護サービスの理念」は，尊厳の保持・利用者主体・自立支援であると言えます。また，生活支援は「本人の望む生活」の実現に向けて行うことが大切です。

*　マズローの欲求階層説
　第6章p.112参照。

　以上により,「介護過程展開の視点」[2]を,図3-4に示します。「介護過程展開の視点」は,介護過程におけるアセスメントから評価に至るすべてにかかる視点です。詳しくは,第4章で述べます。

　「介護過程展開の視点」における『実践の目的』で何が大切になるかは,利用者の状況によって異なります。たとえば,介護予防のために活動における ADL の向上が大切な人もいれば,最重度や人生の最終段階の状態にある人は安心感や体の安楽が大切になる場合があります。

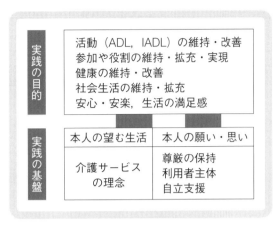

図 3-4　介護過程展開の視点

図3-4にある『実践の目的』で示した内容は,次のような意味があります。

---

① **活動（ADL，IADL）の維持・改善**

・日常生活において ADL や IADL を維持できること。

・ADL や IADL に関して,自分のもてる力や強みを発揮できること,自分らしい生活を継続できること。

・活動の制限があれば制限を改善できること。

② **参加や役割の維持・拡充・実現**

・日常生活や社会生活の中で何らかに参加・かかわること,何らかの役割を果たすこと。

・参加や役割に関して,もてる力や強みを発揮できること,自分らしい生活を継続できること。

・参加の制約があれば制約を改善できること。

③ **健康の維持・改善**

・食事や排泄・睡眠などの生理的欲求が満たされること。

・活動・参加に影響を及ぼす心身機能や健康状態の維持ができること,健康の悪化や問題につながらないような生活ができること。

④ **社会生活の維持・拡充**

・社会の一員としての生活や,社会や人間とのつながりを維持・拡充できること。

⑤ **安心・安楽,生活の満足感**

・身体的・精神的・環境的に不快な刺激や苦痛がないこと,安楽なこと。

・居場所があること。

・安らかな気持ちや安心感をもてること,生活に満足感をもてること。

「介護過程展開の視点」をもつことは，次のような意義があります。

・介護過程におけるアセスメントの視点になる。

・支援の方向性を判断したり，評価をする際の指標になる。

・介護過程を展開する際の根拠となり，介護過程が方法として一貫性をもつことにつながる。

・利用者のニーズを広くとらえることができる。

・幅広い視点でかかわることができ，利用者の利益につながる。

・介護サービス提供の専門的な視点，介護実践の目標の視点になる。

・介護サービス提供の質の保証につながる。

2 『実践の基盤』は，『実践の目的』を目指す中で活かす

図3-4の『実践の基盤』に示した内容は大切な考え方ですが，その考え方をどのように活かすかは，利用者の状況によって異なります。

たとえば『実践の基盤』のひとつである「自立支援」の内容や方法は，利用者によってさまざまです。自立支援という理念をもってかかわることは，下記のように実際の介護の中で具体的なものになります。

・食事や排泄を，利用者が自分一人で行えるように支援する。

・食事や排泄行為の一部分で，利用者がもてる力を発揮できるように支援する。

・食事をどのように食べるか，何を食べたいかなどの考えを表出したり，選択や決定ができるように支援する。

介護サービスの理念である「自立支援」や「尊厳の保持」，「利用者主体」という考え方は，個々の生活支援や日常のかかわりの中で活かしてこそ意義があります。理念は考え方なので，目で見えるわけではありません。しかし，『実践の目的』を目指す中で理念の意味を考え，理念のために何を行うべきかを考えて介護を行うことで，理念の意味を形にすることができます。

●文　献
1）黒澤貞夫（2010）『人間科学的生活支援論』ミネルヴァ書房，4.
2）柊崎京子（2020）「介護福祉士養成教育における介護過程展開の視点」『介護福祉教育』24（1），2-10.

第 4 章

介護過程の展開

本書における介護過程展開シートの構成

　本書で使用する介護過程展開シートは，「情報収集シート」「アセスメントシート」「介護計画シート」の３種類です。

　本章「介護過程の展開」は，第５章「事例による介護過程の学習」とあわせて学習をすると，より理解が深まります。

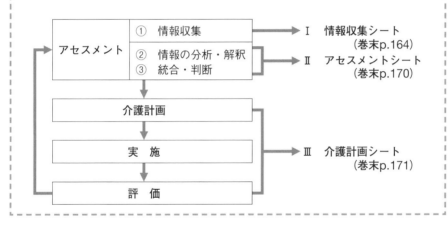

　介護過程におけるアセスメントとは，利用者に対してよりよい介護を行うために，介護を実践する前に，利用者や家族などから得られた情報や介護職の観察などから得られた情報のもつ意味を考え，情報を分析・解釈，統合・判断しながら，利用者の生活課題や介護の方向性を検討することです。

1. 情報収集

アセスメントの最初の段階は，情報収集と情報の整理です。

第１章「3. 観察」ならびに「4. 情報」で学んだことを踏まえ，情報を収集します。

　本節では，「情報の意味や情報の内容」について学びます。本書で使用する情報収集シートの説明を通して，情報収集で大切なことを確認していきます。

1　本書で使用する情報収集シートの項目

　情報収集シートにはⅠ～Ⅶまでの大項目があります。

　大項目は，「Ⅰ．生活・くらし」，「Ⅱ．生活・人生の個人的背景」，「Ⅲ．環境」，「Ⅳ．健康・心身の状況」，「Ⅴ．コミュニケーションと意思決定」，「Ⅵ．日常生活行為」，「Ⅶ．設定項目以外の情報」です。

　7つの大項目の下には，合計24の中項目があります。中項目の文頭につけた数字は，情報の番号です。

2　情報収集シートの特徴

①　大項目Ⅰ～Ⅶの記入の順番は自由

　項目の記入の順番は自由です。必要がなければ，あえて全部の項目を記入しなくてよいです。同じ情報を複数の項目に記入することがあります。

②　利用者の生活に目を向けることから出発する

　記入の順番は自由ですが，最初の項目に「過ごし方」を置きました。利用者の生活の主体は利用者自身であり，その生活にかかわることが介護です。そのため，利用者の生活に目を向けることから出発します。利用者自身の生活にまず目を向けるのは，利用者の生活の尊重や，介護者の判断だけで介護過程をすすめないためなどの意味があります。

③　「私の状況，していること」「支援の現状」に分けて書く欄がある

　「私の状況，していること」と「支援の現状」を分けて記録する欄があります。「私の状況，していること」は，ICFの「活動」における「実行状況（していること）」や，「参加」の状況にあたります。「実行状況」とは，現在の生活で実際に行っていることや，見守りや促しでしていること，介助を受けてしていることも含みます。

　「私の状況」と「支援の現状」を分けて記録し，「私の状況」と「支援の現状」を見比べることで，支援の方向性に気づくことがあります。また，「支援の現状」を把握することで，「私の状況」についての情報を補えることがあります。

④　「私の状況，していること」は，利用者（私）を主語にして書く

　「私の状況，していること」の欄は，利用者を主語にした文章で書きます。

⑤ 「私の願い・思い，言動」

　利用者の要望・意向を把握することは，利用者の強さ・ポジティブ面・主体性などの力を活かしていくためにも，利用者本位の視点を見失わないためにも大切です。願い・思いは言葉で表現されるとは限りません。その人の表情や行動などから読み取れることがあります。

⑥　情報源を表す記号をつけ，情報源を明確にする

　その情報が何から得られたのか，情報源（情報の提供者，入手元）を明確にするために，情報源を表す記号をつけます。情報源が複数ある場合は，複数の記号をつけます。本書では，情報源を示す記号を以下のようにしました。

　　◎：利用者本人　　○：記入者の観察　　△：記録　　▲：職員　　□：家族

⑦　情報が変化した場合は，新しい情報の文頭に日付を入れる

　情報収集は継続的に行いますので，ある時点と別の時点の情報が異なることがあります。新しい情報の文頭に日付を入れると，情報の変化を示せます。

⑧　「設定項目以外の情報」を記入する欄がある

　一定の情報収集シートを用いることは一定の枠組みからの情報収集ができる一方で，その枠組みだけでは記載しきれない情報があります。そのため，自由に記載できるように，「設定項目以外の情報」を記入する欄があります。

⑨　絵や図で自由に表現してもよい

　絵で利用者の様子を表現したり，吹き出しの中に利用者の言動を書いたりすることで，利用者の様子を伝えることができます。

3　ICF の構成要素と情報

　情報収集シートの情報と ICF の構成要素との関係は，表 4-1 の通りです。

4　情報の意味や情報の内容

　シートの項目にそって，情報の大項目および中項目ごとに，情報の意味や情報の内容を下記に説明します。

　情報収集は，項目を埋めることが目的ではありません。なぜ情報収集するのか，なぜその情報が必要かという目的を考えながら進めます。

利用者氏名，性別，生年月日，年齢

　氏名，性別，生年月日，年齢は個人情報保護に留意します。生年月日は，利用者が生活してきた時代背景を知る手がかりになります。性別，年齢は，加齢による生理的な変化とともに起こりうる出来事や変化を予測することに役立ちます。

表4-1　「情報収集シートの情報」と「ICFの構成要素」との関係

情報収集シートの情報			ICFの構成要素
	利用者氏名，年齢，性別		個人因子
	現在の介護目標		
Ⅰ．生活・くらし	1 2 3 4	過ごし方　　　　　　　　　　　（＊1） くらし 楽しみ・習慣 参加・役割	活動 参加 個人因子
Ⅱ．生活・人生の個人的背景	5	生活歴	個人因子
	6	現在利用中のサービス	環境因子
	7	サービス利用の理由	環境因子，個人因子
	8 9 10	意欲や関心，性格，対処法 信仰，価値観 経済状況	個人因子
Ⅲ．環境	11	家族や知人・友人の願い・思いなど	環境因子
	12	人的環境，周囲の人との関係	環境因子，個人因子
	13 14 15 16	生活環境 転倒や危険性のある場所 現在使用している日常生活用具，補装具 利用可能な制度，社会資源	環境因子
Ⅳ．健康・心身の状況	17	健康・心身の状況　　　　　　　（＊2）	健康状態 心身機能・身体構造
Ⅴ．コミュニケーションと意思決定	18	コミュニケーションと意思決定　（＊3）	活動 参加 心身機能・身体構造 環境因子
Ⅵ．日常生活行為	19 20 21 22 23	移動・移乗　　　　　　　　　　（＊4） 食事 排泄 清潔・整容 更衣	活動 参加 環境因子
Ⅶ．設定項目以外の情報	24	設定項目以外の情報	

※「私の願い・思い，言動」の情報は，ICFの構成要素の全てに関連する場合がある。
（＊1）過ごし方における「月間や年間の予定」は，環境因子に入る場合がある。
（＊2）健康・心身の状況における「リハビリテーションの内容」は，活動/参加/環境因子に入る場合がある。
（＊3）コミュニケーションで「用具の使用」は，環境因子に入る。
（＊4）「Ⅵ．日常生活行為」で用いる用具，行為の場所は，環境因子に入る。

現在の介護目標

　既に介護目標が立てられている場合は記入します。あるいは，サービス全体の計画である「サービス計画」（ケアプラン）に記載された「総合的な援助の方針」を記入します。

Ｉ．生活・くらし

1．過ごし方

　「ある日の１日の過ごし方」は，できる限り１日を通して観察できるような工夫をし，また観察できなかった場合は職員や記録などから情報を把握します。

　　・「ある日の１日の過ごし方」は，時間軸に沿って記入する。

　　・食事量，飲水量，排泄など，健康と関連する情報を記入する。

2．くらし

　「くらし」に含まれる項目は，IADL（手段的日常生活動作）や，生活を組み立てるうえで必要な買い物や衣類の管理，金銭管理などと関連します。本人がどのように生活を成立させているのか，自己管理の実際を確認します。本人がしていない場合は「していない」と記入します。

　①　**食事の準備・調理，食材の管理**：日々の食事について，準備から食後の後片付けまで，だれがどのように行っているか。献立作成，食材の買い物，調理をどうしているのか。弁当や調理済みの物を購入するなど，食事の内容や栄養のバランスで気になる情報があれば記入する。

　②　**衣類の管理，衣類の選択**：だれが，いつ，どのような方法で行っているかを記入する。衣類の種類や状態などで気になる情報があれば記入する。

　③　**洗濯，掃除・整頓**：だれが，いつ，どのような方法で行っているか。本人が生活しやすい物品の配置や好みの物を飾るなど，その人にとって必要な情報があれば記入する。

　④　**医薬品・金銭管理**：医薬品を自己管理または第三者が管理しているのか，薬カレンダーで管理しているのかなどを記入する。金銭はだれがどのように管理しているか，自己管理の状況などを記入する。

　⑤　**買い物**：生活に必要な物品や本人が購入したいと思う物を，だれがどのような方法で調達するかを記入する。

　⑥　**外出方法，外出先**：外出方法や外出範囲について記入する。行き先として，散歩，通院，仕事，旅行などがある。行き先に応じた計画や準備，同行者，移動手段などを記入する。

3．楽しみ・習慣

　現在していなくても，過去の情報があれば，「過去の状況」であることがわかる書き方で情報を記入します。

　①　**趣味，楽しみ，好きなこと，特技**：好きで行っていること，楽しみにしている活動，好きな食べ物，服装の趣味，好みの物などを記入する。

　②　**生活習慣**：本人が意識しているか否かにかかわらず，日常生活で継続して行っていること。生活の習慣だと思われることを記入する。

4. 参加・役割

　生活・人生場面へのかかわりは多様です。家庭や社会などで何らかの役割を果たすことや，仕事・趣味・スポーツ・地域参加・文化・交友などがあります。利用者の中には就労をしている人もいます。

① **様々な機会・場での参加，役割**：日々の生活における役割や参加の状況について記入する。ADL や IADL に対し，自分の意見を述べることや，自分なりにかかわることも参加に含まれる。「3. 楽しみ・習慣」の内容と重なることがある。

② **仕事（就労）**：現在の状況について，勤務日数，時間数，時間帯，賃金などを記入する。就労していないが，就労への思いがあれば記入する。

Ⅱ．生活・人生の個人的背景

　その人らしさは，生まれ育った地域や時代，社会・地域での人間関係の影響を受けながら生活してきた経験，職業，価値観，生活習慣などから形成されます。つまり，どのような人生を送ってきたのかを把握することは，利用者の個別性の理解につながります。

　ここに含まれる情報は個人的なことが多いため，情報収集の方法や範囲にはとくに留意します。その情報が必要かどうかを考え，"必要でない情報は記入しない"という判断をすることがあります。

5. 生　活　歴

　利用者が歩んできた人生を理解します。生まれ育った地域や職業歴,学歴・婚姻など,生活の歴史を簡潔に記入します。人生の分岐点となった出来事や,楽しかった思い出，よく思い出す話などがあれば記入します。ここに書かれる情報は，その人の生き方や生活習慣などとの関連が深いことがあります。

6. 現在利用中のサービス

　公的なサービスだけでなく，インフォーマルな支援も含めて現状を把握します。サービスの過不足や，ニーズに合致しているかの検討に必要な情報です。

7. サービス利用の理由

　サービスの利用は，本人の環境（人的，物理的，心理的，社会的環境）に変化をもたらします。サービス利用に対する本人の思いも把握します。「6. 現在利用中のサービス」で記入したものについて，サービス利用の背景，開始時期，利用は本人の意思か家族の勧めかなどの情報が含まれます。

8. 意欲や関心，性格，対処法

　利用者が日頃関心を寄せていることや，利用者自身が考える自分の性格や

他者から言われる性格，物事に対する自分の対処方法や，気持ちの切り替え
が早い・なかなか立ち直れないなどの情報が含まれます。

9. 信仰，価値観

　だれもが長い年月を生きてきた歴史があります。生活を送るうえでどのよ
うなことに価値を置いているのかを知ることで，利用者の物事に対する考え
方を理解することにつながります。人生の最終段階に対する願いや意思は，
生涯を終える自然な生命の営みの過程としてとらえると，重要な情報です。
無理のない範囲で情報収集します。

10. 経済状況

　安定した生活の継続は，経済的な困りごとがないことと関連します。把握
できる範囲で記入します。

Ⅲ. 環　　境

　ICF の「環境因子」と関連します。環境因子は，利用者の生活機能に影響
を与えます。状況によっては，生活機能の低下の原因になることがあります。

11. 家族や知人・友人の願い・思いなど

　利用者を取り巻く人々には，家族や・友人，本人との信頼関係が強い人，キー
パーソンなどがいます。これらの人々が利用者の生活に対して思っているこ
と，利用者のこれからの生き方に関する願いや思いなどの情報を記入します。

12. 人的環境，周囲の人との関係性

　人的環境とは，家族の有無や同居家族，同じサービスを利用している他の
利用者，介護職を含む多職種など，利用者に関係のある人々です。

　利用者と周囲の人たちとの関係性や，周囲の人に対する利用者の思いを知
ることは，利用者の生活を理解することにつながります。利用者を中心とし
た人々との関係性を理解するために，シート右の空欄に図やジェノグラム，
エコマップなどを記入するのもひとつの方法です。

13. 生活環境（地域環境，居住環境，プライバシーへの配慮など）

　住んでいる地域や住まい，日中過ごす場所など，シート空欄に図や絵で示
すことは情報の理解につながります。光・音・換気の状況，生活環境に対す
る満足度や具体的な希望などの情報も含まれます。記入しきれない場合は，
「24. 設定項目以外の情報」「絵や図で自由に表現してもよい」欄に記入して
もよいです。

14. 転倒や危険性のある場所

　室内や建物内，あるいは外出時の外の物的環境について，転倒しやすい場
所や危険な環境，気をつけて生活している場所などを記入します。危険防止
のために注意している物品の配置などがあれば記入します。

15. 現在使用している日常生活用具，補装具（福祉用具）

利用者の状態に合った補装具や福祉用具の利用は，ADL や IADL の維持・向上を促します。既製品だけでなく，手作りの物も含めて考えます。

実際に使用している用具を絵で示したり，使用している状況や使用方法を記入すると理解が深まります。

16. 利用可能な制度，社会資源

利用可能な制度や社会資源を把握し，支援に活かします。社会資源とは，「利用者のニーズを充足させるために動員されるあらゆる物的・人的資源を総称したもの」です。制度・施設・機関，フォーマルサービス（公的のサービス）や，インフォーマル（隣人，友人，ボランティアなど）な支援，情報，個人の有する知識・技術などがあります。

Ⅳ．健康・心身の状況

ICF では主に「健康状態」，「心身機能・身体構造」と関連します。下記の「①認定区分」は「個人因子」，「⑪リハビリテーションの内容」は「活動」，「参加」，「環境因子」に入る場合があります。

17. 健康・心身の状況

健康・心身の状況として，下記の①～⑬の情報があります。

① **認定区分**：介護保険法における「要介護状態等区分」，障害者総合支援法における「障害支援区分」のそれぞれ該当するものを○で囲む。

② **日常生活自立度**：「障害高齢者の日常生活自立度」および「認知症高齢者の日常生活自立度」のそれぞれ該当するものを○で囲む。

③ **認知機能評価**：改訂長谷川式簡易知能評価スケール（HDS-R）およびミニ・メンタルステート検査（MMSE）について，評価結果があれば，それぞれ点数を記入する。

④ **既往歴**：過去の病気やけがについて発症時期と病名，症状などを記入する。「○年　左橈骨骨折」「左橈骨骨折（○歳）」など，記入方法を統一して時系列で記入する。

⑤ **現在の主な疾病や障害**：現在の主な病気や障害を記入する。既往歴の中で，現在の生活に影響がある疾病，注意が必要なものも記入する。

⑥ **麻痺，拘縮，不随意運動，呼吸障害，皮膚状態，褥瘡など**：状況を具体的に記入する。身体の図の該当する箇所に斜線や印をつけて説明してもよい。

⑦ **視覚，聴覚**：視覚・聴覚の機能について記入する。日常生活の中での問題点や，検査時の数値がわかれば記入する。

⑧ **知的・認知機能（理解力・記憶力，失語や失行など）**：認知機能の状

況について記入する。時間管理，簡単な計算，短期記憶の障害，日常生活に支障のある知的機能や，認知機能の障害が含まれる。それらに関する具体的な事柄があれば記入する。

⑨　**現在の受診・薬**：現疾病に対して行われている治療を記入する。かかりつけ医の有無や，受診科目，受診の頻度，受けている治療の内容，処方されている薬などの情報が含まれる。使用している市販薬（貼り薬，塗り薬，点眼等），薬による作用や副作用，医療に対する信頼感や不安感があれば記入する。

⑩　**睡眠・休息**：時間，時間帯，昼夜の逆転など睡眠や休息の状態の情報が含まれる。

⑪　**リハビリテーションの内容**：身体機能の維持や強化のための訓練について，その目的や内容を記入する。

⑫　**身長・体重**：身長・体重を計測し，計測日とともに記入する。肥満度を示す体格指数（BMI）は【体重 kg÷（身長 m）^{2}】で計算できる。たとえば，身長 1 m 50 cm，体重 48 kg の場合は，48 kg÷（1.5 m×1.5 m）＝ 21.3 となる。BMI25 以上が肥満，18.5 未満は低体重と判定される。なお，体重の変化は健康状態を知るための視点として確認する。

⑬　**バイタルサイン**：平常の体温や血圧値を把握しておくことは，異常の早期発見につながる。血圧（BP），脈拍（P），体温（BT），呼吸数（R）の値をそれぞれ記入し，計測日を記入する。

V．コミュニケーションと意思決定
18. コミュニケーションと意思決定

　意思疎通ができるか，情報を入手して意思表明や意思決定ができるかは大切です。コミュニケーションが難しい場合は，意思表明や意思決定の支援をすることが大切な支援となります。これらに対しては，見る・聞く・話す・書く・記憶する・理解するなどが関連します。

①　**意思疎通（言語・非言語の理解，表出）**：発語や非言語的メッセージの表出状況を記入する。特定の表出方法や，合図などを記入する。

②　**用具の使用**：「15．現在使用している日常生活用具，補装具」と重なる情報である。「絵や図で自由に表現してもよい」の欄に，用具や，用具の使用時の状況を絵や図で描いてもよい。

③　**日常の意思決定の方法**：日々の生活で，意思決定をどのように実行しているかを記入する。たとえば，「自分でしている」「日常の簡単なことは決定している」のように記入する。自分で意思表明が困難な場合は，意思決定の支援方法などを記入する。

Ⅵ．日常生活行為

ICF では「活動」「参加」「環境因子」に関連した項目です。

ここに記載する情報の多くは，□に示した状況に✓をつけたり，番号に〇印をつけて示します。しかし，補足説明や特記事項があれば，各項目の下段にある空欄に記入します。

19. 移動・移乗

姿勢の保持や姿勢の変換，移乗や移動が困難になると，行動範囲が狭まり，自立した社会生活の縮小につながる可能性があります

① **移動**：「手段」は，現在の移動手段に当てはまる□に✓をする。また，選択した移動手段の主なものに対して，その「方法」を1-4から選択し，〇をつける。

② **移乗**：移乗の方法について，1-4から選択する。空欄に状況がわかりやすいように説明を記入する。

③ **起居動作**：「寝返り」「起き上がり」「座位保持」「立ち上がり」「立位保持」のそれぞれについて，1-4から選択する。

20. 食　　事

食事は生命の維持や健康の保持・増進だけでなく，喜びや楽しさを実感させてくれます。食事を安全においしく食べることは，生活の質とも関連します。

① **食事場所，用具**：食事をする決まった場所があれば，その場所や環境を記入する。また，食事を口に運ぶ際に必要な用具や補装具を記入する。図や絵で表現してもよい。

② **姿勢（保持）**：食事をする際の姿勢を記入する。専用の椅子や，クッション，足台などがあれば記入する。また，食事中に姿勢の変化があれば，その変化も記入する。

③ **食事の内容**：食事形態を主食と副食それぞれに記入し，トロミ剤の使用を「有・無」から選択する。食事の摂取方法は，1-4から選択する。経管栄養は，空欄に「胃ろう」などと記入する。また，平均的な食事量と水分量を記入する。

④ **食事の状況**：間食を含めた食欲や，食事に対する集中力を記入する。咀嚼の状態，むせや嚥下の状態を記入する。

⑤ **口腔内の状態**：義歯の使用を「有・無」から選択する。義歯の種類や装着状況，口臭や舌苔，歯肉の状況などの口腔衛生状態を記入する。

21. 排　　排

① **尿意・便意**：尿意・便意の有無を，「有・無」から選択する。

② **失禁の有無**：排尿・排便の失禁の有無を，「有・無」から選択する。「時々失禁する」「失禁が多い」など，個別の状況は空欄に記入する。

③ **排泄方法**：日中と夜間に分けて記入する。排泄方法を，「トイレ，ポータブルトイレ，オムツ，差し込み便器，留置カテーテル，導尿」から選択する。また，下着等の種類を項目より選択する。

④ **排泄行為**：排尿，排便について1-4から選択する。

⑤ **回数**：1日の平均的な排尿回数を記入する。排便は1日に複数回排便する人や，数日に1回の人もいる。排泄の状況を記入する。

22. 清潔・整容

清潔行為は，心と身体の健康に関連し，活動に合った身じたくは参加意欲を促進します。身だしなみは個別性の高い行為です。

① **清潔方法**：清潔の実施方法を，「個浴，一般浴，機械浴，シャワー浴，清拭，他」から選択する。

② **清潔時の状況**：「浴槽出入り」では，入る時と出る時のそれぞれを記入する。絵で示してもよい。「姿勢保持」は体を洗う時と浴槽内での姿勢の状況を記入する。体位を変える時や，支えが必要な状況も記入する。

③ **洗身，洗髪**：それぞれについて1-4から選択する。それぞれの頻度も記入するとよい。

④ **口腔清潔**：歯磨きについて1-4から選択する。

⑤ **身だしなみ**：「洗顔」「整髪」「髭剃り，化粧」「爪切り」のそれぞれについて，1-4から選択する。

23. 更　　衣

活動目的，社会的状況，気候に合わせた衣服の選択と更衣が必要です。着脱に支援が必要な場合は，装うことが億劫になりがちですが，更衣は利用者の「その人らしさ」を支える大切な活動です。補装具や装具の着脱も記入します。

上衣・下衣の着脱は，1-4から選択します。下衣の着脱には，靴下，履物の着脱も含みます。「他」の欄には，着脱の実施状況，着脱に必要な物品，着脱に要する時間，安全確保の状況などが含まれます。

Ⅶ. 設定項目以外の情報

24. 設定項目以外の情報

利用者とのかかわりやその他から得られる情報は，1～24の項目に含まれない情報があります。得られた情報について，自由に記入します。

生活の様子や1-24について，絵や図で自由に表現してもよい

空欄の使い方は自由です。

いろいろな内容を，絵や図で表現してもよいです。たとえば，居住環境や地域の様子，使用している福祉用具，持ち物など何でもよいです。また，中央にその人の絵を描き，絵の周囲にその人の特徴を文字で記入してもよいです。

図4-1に記入例を示しますが，これに従う必要はありません。

2. アセスメント

① 本書におけるアセスメントシートの構成

アセスメントの1つめの段階である「情報収集」に続き，2つめの段階は「情報の分析・解釈」「統合・判断」です。情報収集を通して得られた情報は，情報の意味を考え，情報が分析・解釈されてはじめて情報収集の目的を達せられます。

本書における考え方や方法を，下記に示します。

> ・本書では，情報の分析・解釈とは「複数の情報を関連付けて情報の意味を明らかにすること」，統合・判断とは「分析・解釈の結果をまとめ，判断すること」と定義します。
> ・アセスメントの2つめの段階である「情報の分析・解釈」「統合・判断」を検討して記載するために，図4-2の「アセスメントシート」を使用します。
> ・本書では，介護過程におけるアセスメントから評価に至るすべてにかかる視点として「介護過程展開の視点」を提示しています（第3章5.）。
> ・図4-2のアセスメントシートの中で考えてほしいことを，ひとつの例として，図4-3の「アセスメントシートの概要」の中に記しました。

② 現在の生活の全体像

情報収集シートに整理した情報をもとに，利用者の「現在の生活の全体像」を簡潔にまとめます。

利用者がどのような人であるのか，どのように生活をしているのか，どのような願い・思いをもって生活しているのかなど，利用者の生活全体を理解

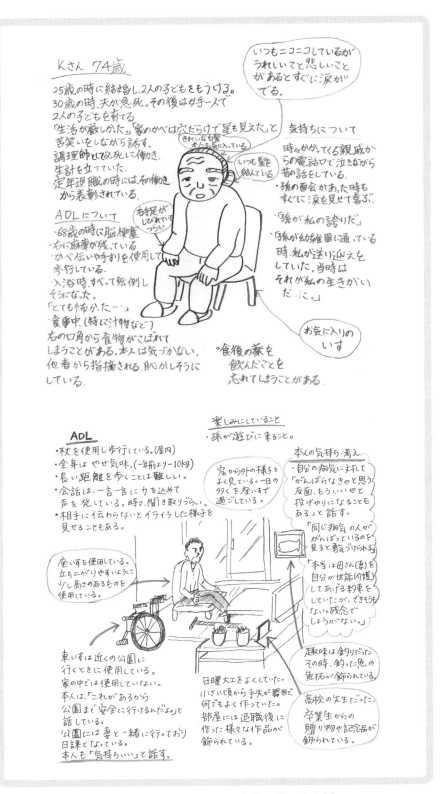

Kさん 74歳

25歳の時に結婚し、2人の子どもをもうける。
30歳の時、夫が急死。その後は女手一人で
2人の子どもを育てる。
「生活が厳しかった。」「家のかべは穴だらけで星も見えた」と
苦笑いをしながら話す。
調理師として必死に働き、
生計を立てていた。
定年退職の時には、その働き
から表彰されている。

ADLについて
・68歳の時に脳梗塞
・右に麻痺が残っている
・かべ伝いや手すりを使用して
歩行している。
・入浴時、すべって転倒し
そうになった。
「とても怖かった…」
・食事中。(特に汁物など)
右の口角から食物がこぼれて
しまうことがある。本人は気づかない。
他者から指摘される。恥ずかしそうに
している。

いつもニコニコしているが
うれしいことと悲しいこと
があるとすぐに涙が
でる。

きれいな白髪
おしゃれも気にしている

いつも髪を
結んでいる

気持ちについて
・時々かかってくる親戚か
らの電話口で泣きながら
昔の話をしている。
・孫の面会があった時も
すぐに涙を見せて喜ぶ。
・「孫が私の誇りだ」
・「孫が幼稚園に通っている
時、私が送り迎えを
していた。当時は
それが私の生きがい
だった。」

右手足が
しびれていて
つらい

お気に入りの
いす

・食後の薬を
飲んだことを
忘れてしまうことがある。

楽しみにしていること
・孫が遊びに来ること。

ADL
・杖を使用し歩行している。(屋内)
・全身は やせ気味。(一年前より-10kg)
・長い距離を歩くことは難しい。
・会話は一言一言に力を込めて
声を発している。時々、聞き取りづらい。
・相手に伝わらないとイライラした様子を
見せることもある。

窓から外の様子を
よく見ている。一日の
多くを座いすで
過ごしている。

座いすを使用している。
立ち上がりやすいように
少し高さのあるものを
使用している。

本人の気持ち・考え
・自分の病気に対して
「がんばらなきゃと思う
反面、もういいやと
投げやりになることも
ある」と話す。

「同じ病気の人が
がんばっているのを
見ると勇気づけられる」

「本当は田さん(妻)を
自分が世話(介護)
してあげる約束を
していたが、できそうも
ない。残念で
しょうがない。」

車いすは近くの公園に
行くときに使用している。
家の中では使用していない。
本人は、「これがあるから
公園まで安全に行けるんだよ」と
話している。
公園には妻と一緒に行っており
日課となっている。
本人も「気持ちいい」と話す。

日曜大工をよくしていた。
小さい頃から手先が器用で
何でもよく作っていた。
部屋には退職後に
作った様々な作品が
飾られている。

趣味は釣りだった。
その時、釣った魚の
魚拓が飾られている。

高校の先生だった。
卒業生からの
贈り物や記念品が
飾られている。

図4-1　情報収集シートの空欄の使い方の例

情報の分析・解釈		統合・判断	
現在の生活の全体像		1）分析・解釈を踏まえ，予測される状態，望ましい（期待できる）状態，支援の必要性を検討する 2）1）を踏まえ，「生活課題」として取り上げるかどうかを決定する 3）2）を踏まえ，「生活課題」とする場合は，生活課題に対する「介護の方向性」を判断する	生活課題
注目する情報	「注目する情報」に対する分析・解釈		

図4-2　アセスメントシート

したうえで，アセスメントを行うことが大切です。そのため，「現在の生活の全体像」をまとめます。

　生活の全体像を記述するためには，ICFにおける「健康状態」や，生活機能である「心身機能・身体構造」「活動」「参加」の状況，「個人因子」における年齢，性別，願い・思いなどを整理すると，大まかな全体像がみえてくると思います。

　シートでは「現在の生活の全体像」を最上段に置いていますが，最初に書かなくてもよいです。「注目する情報に対する分析・解釈」を行いながら記述したり，記述した後に全体像を記入してもよいです。

③　情報の分析・解釈

■1）注目する情報

　情報収集シートに整理した情報から，「注目する情報」を選び出し，シートに記入します。

　「注目する情報」とは，必要な支援を考えていくために，「気になる」と感じる情報や，「大切なこと」「取り上げたい」という考えで浮かびあがる情報です。「注目する情報」をピックアップするためには，下記を行います。

　　・「介護過程展開の視点」をもって，情報全体をながめる。

　　・利用者自身から見た困りごとや，「こうありたい」「このような生活をしたい」という利用者の願い・要望，意思を尊重する（表情や行動から推

測できることもある)。

・その人の生活の個別性や，生活における支障は，ICF における活動・参加の中に現れやすいので，活動・参加の情報に注目するとよい。

・「認知症がある」という情報が気になったとしても，介護職が認知症を治せるわけではない。疾病や障害そのものを取り上げるのではなく，それらによって起こっている生活の支障に注目するとよい。

「注目する情報」は，これから情報の分析・解釈をしていくための手がかりのようなものです。下記のように簡潔に記入します。

・「何に注目しているのか」「何が気になっているのか」がわかればよいので，「食事が進まない」や「転倒したくない」など，簡潔に記入する。

・あるいは，「食事が進まない，スプーンが持てない」など，関連する情報をまとめて記入してもよい。

■ 2)「注目する情報」に関係する情報を探す

「情報の分析・解釈」とは，その人にとっての情報の意味を考えること，専門的知識を活用し情報を理解すること，なぜそうなっているかを考えて説明することです。そのためには，まず，「注目する情報」に関係のある情報は何かをみる必要があります。

「注目する情報」として選び出した情報に関係する情報を，情報収集シートに記載された情報より探します。関係する情報は複数あるのが通常です。

シートの中に，関係する情報の番号を列記します（関係する情報を簡潔に記述してもよいです。）。

■ 3)「注目する情報」に対する分析・解釈

「注目する情報」に対する分析・解釈を行います。その際は，下記に留意します。

・図 4-3 の，「注目する情報に対する分析・解釈」で示した例示を手がかりに，分析・解釈を行う。

・他科目で学んだ知識・技術を活用して，情報の意味を理解する。

・情報と情報を関連付けて，分析・解釈を行う。

（1）分析・解釈を行うために活かせる方法

どのようなアセスメントシートであれ，アセスメントした内容を文章化する必要があります。頭の中だけで複数の情報の関連をみたり，分析を行うのは難しいことです。情報間の関連や因果関係を整理するためには，情報を紙に書いたり，図式化して，分析・解釈を視覚化するとよいでしょう。次は視覚化のためにいかせる方法です。

アセスメントシート (図4-2)

情報収集

現在の生活の全体像

ICFにおける下記を，簡潔に記入する
- 「健康状態」
- 生活機能である「心身機能・身体構造」「活動」「参加」の状況
- 「個人因子」における年齢，性別，願い・思い，など

「注目する情報」を選ぶ

「介護過程展開の視点」からみて，
「注目する情報」（気になる情報）を選ぶ

「注目する情報」に対する分析・解釈

◆「注目する情報」に関連する情報を，「情報取集シート」から選び，情報番号（1-24）を記入する
◆下記のようないろいろな視点から「情報を分析・解釈」する
※下記の視点は例示である（すべてを検討する必要はない）
- 「注目する情報」について，『現在の本人の状況・状態』はどうか
- 『現在の本人の状況・状態』にあることの原因・理由は何か
※本人にとって望ましい状態，望ましくない状態であっても，その理由を考えてみる
- 本人の願い・思い，認識はどうか
- 本人の長所・強み・よい点などのプラス面は何か
- 「活動・参加」を促進する環境要因は何か
- 「活動・参加」を阻害する環境要因は何か
- 「現在の本人の状況・状態」から引き起こされる問題や，現状が維持・改善されることで本人にとってよいことの予測
- どうしたらよいか，どのような支援が必要か

統合・判断

◆「情報の分析・解釈」を踏まえ，「生活課題」や「介護の方向性」を判断する
※「注目する情報」が複数ある場合は，1つずつ「統合・判断」を行うのか，2つ以上をまとめて行うのかを考えた後に，下記のような視点で検討する
※下記の視点は例示である（個別の状況に応じて検討する）
① 『今後，予測される状態』の検討
- 支援をしないでこのままにしておくと起こりえることは何か，または，支援することで期待できること，期待できる状態は何か
『本人にとって望ましい状態や，期待できる状態』の検討
- 本人にとってよりよい状態や生活，期待できる状態はどのようなものか
『支援の必要性』の検討
- 分析・解釈した結果，支援する必要性があるかどうか
② 『生活課題としてとりあげるかどうか』の検討
介護計画を立案して取り組むための「生活課題」とするか，しないかを検討
③ 『介護の方向性』の検討
「生活課題」とする場合は，「情報の分析・解釈」で検討したことをいかして，「介護の方向性」を検討する

生活課題

① 「生活課題」を抽出する
② 「生活課題」が複数ある場合は，優先順位を決定する

「介護過程展開の視点」を踏まえて思考する

介護過程展開の視点

実践の目的	活動（ADL，IADL）の維持・改善 参加や役割の維持・拡充・実現 健康の維持・改善 社会生活の維持・拡充 安心・安楽，生活の満足感	実践の基盤	本人の望む生活	本人の願い・思い
			介護サービスの理念	尊厳の保持 利用者主体 自立支援

分析：ある事柄の内容・性質などを明らかにするため，事柄を構成する要素・条件などに分けて解明すること。
解釈：物事や行為などを判断し理解すること，またはその説明。
統合：2つ以上のものを合わせて1つにすること。
判断：物事を理解して，考えを決めること。

図4-3 アセスメントシートの概要

図4-4 情報の意味を考え，情報どうしの関連性をみて，分析・解釈する

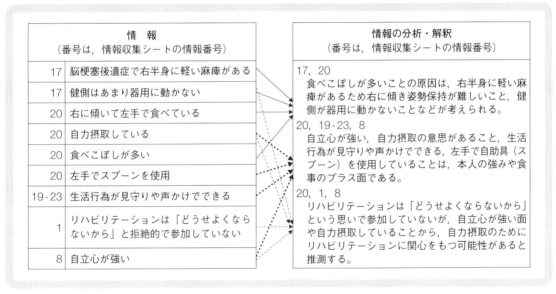

図4-5 情報を視覚化し分析・解釈する方法の例

① 考えたことや，情報の関連性をメモ書きする。メモ書きしたものを活かして文章化する。

② ICFの「生活機能モデル」の各構成要素の中に情報を記入し，情報を視覚化する（第2章，図2-7）。そして，各構成要素の相互作用を表す矢印の関連性をみながら，情報の分析・解釈を行う。

③ 「活動」「参加」の事実に関連するプラス面とマイナス面の情報を整理し，分析・解釈に活かす（第2章，表2-2を活用）。

④ 情報を視覚化して検討する方法には，図4-5のような方法もある。関連する複数の情報を紙に書き，さらにその情報をまとめ（グループ化

し），まとめた情報をもとに分析・解釈をする過程を矢印で視覚化し
ている。

（2）分析・解釈の文章化

「分析・解釈」した結果を記述する際は，第三者が読んでもわかりやすいこ
とが大切です。また，「事実」と「推測・解釈」を分けて記述すること，根
拠を示して書くことが大切です。記述した内容に一定のまとまりを示すため
に，まとまりを示す番号や小見出しをつけて記述するのもよいと思われます。

① 何について書いているかがわかるように，主語や述語を明確にして記
述する。

（例）

・～の原因は，○や△と思われる。
・○や△は，～の原因と思われる。
・○について，本人の思いは～である。～という本人の思いがある。
・～は，食事行為に関するプラス面である。

② 分析した結果を断定できない場合は,「～と思われる」「～と推測する」
と断定しない書き方をする。

（例）

・～の理由は，入居して1か月であり環境に慣れないこと，認知機能障
害により他者との会話に支障があるためではないかと思われる。
・～は，入居による環境変化や，認知機能障害などが影響しているので
はないかと推測される。

④ 統合・判断

「注目する情報」に対して「情報の分析・解釈」した結果を踏まえ，統合・
判断を行います。統合とは，2つ以上のものを合わせてまとめることです。
判断とは，考えをまとめること，考えを決めることです。

「情報の分析・解釈」した内容が複数ある場合は，1つの内容ごとに統合・
判断を行うこともあれば，2つ以上の内容をまとめて行うこともあります。

■ 1）予測される状態，望ましい状態，支援の必要性の検討

「情報の分析・解釈」を踏まえ，『今後，予測される状態』『本人にとって
望ましい状態や，期待できる状態』『支援の必要性』などを検討します。

・『今後，予測される状態』とは，支援をしないでこのままにしておくと
起こりえる問題です。反対に，支援することで維持・改善・実現できる
状況など，支援で期待できることです。つまり，支援をしないとこうな

るかもしれない，支援をするとこなるかもしれないという仮説です。
- 『本人にとって望ましい状態や，期待できる状態』とは，支援が必要と思われる状況からみて，本人にとってよりよい状態や生活，期待できる状態はどのようなものかを検討することです。
- 『支援の必要性』とは，支援が必要かどうかを検討することです。また，どのような支援を行えばよいかなどを考えます。

■ 2)「生活課題」とするかどうかの決定

「生活課題」とは，利用者の生活における課題であり，利用者にとって解決・改善・維持・実現しなければならないことです。

分析・解釈の結果や，上記の「予測される状態，望ましい状態，支援の必要性」で検討した結果を踏まえ，「生活課題」とするかどうかを判断します。検討した結果，「生活課題」とする場合もあれば，しない場合もあります。いずれにしても，なぜ「生活課題」とするかの理由，なぜしないかの理由を明確にして決定します。

たとえば，「○○について支援する必要性はあるが，現在の状況では生活課題としない」，「○○は日常の介護の中で気をつければよいことなので，特には生活課題としない」というような判断もあり得ます。

■ 3)「生活課題」に対する介護の方向性の判断

上記の検討により，「生活課題」とする場合は，生活課題に対する「介護の方向性」を判断します。生活課題に対してどのように介護を行うかを検討し，検討した結果は，次の「介護計画」の内容に活かします。

5　生活課題の抽出

■ 1) 生活課題とは

アセスメントにおける最後の段階は，生活課題の抽出です。生活課題には，下記のような意味があります。

- 生活課題とは，利用者にとって解決・改善・維持・実現しなければならない（したほうがよい）こと。
- 生活課題とは，利用者のマイナス面（身体の機能低下や問題点など）の解決だけではない。利用者本人が望む生活の実現や，利用者に期待できる状態のために必要なこと，利用者のプラス面（強み・長所・よい点）の活用や維持などもある。

> ・生活課題とは，介護職の支援により解決・改善・維持・実現できることである。「骨折を治す」など，介護職の実践を超える内容は生活課題にならない。

生活課題は利用者自身に関することであるため，「利用者を主語」にして表現します。

○目標指向型の表現：「〜したい」「〜なりたい」

散歩の時間を増やしたい。

失禁を減らしたい。

○利用者の状況やニーズを，そのまま記入する。

トイレに間に合わず，失禁があり困っている。

歌うことが好きである。

■2）生活課題の優先順位の決定

生活課題が複数ある場合は，優先的に取り組む生活課題を決定します。

優先順位を決める判断基準はさまざまです。たとえば，「生命を脅かすような緊急性のあるもの」「生活支障の要因，生活支障になる可能性のあるもの」「参加や活動の維持・向上に必要なもの」「利用者の願い・要望」などです。

なぜ，その優先順位にしたのか，理由や根拠を明確にします。優先順位をつけない場合も，その理由や根拠を明らかにするとよいと思います。

3. 介護計画

① 介護計画

アセスメントによって抽出された「生活課題」に取り組むために，「介護計画」を立案します。

図4-6のように，アセスメントの結果と介護計画に連動性があることは，根拠に基づく実践につながります。

これから学習する「介護計画」について，大切なポイントは次の通りです。

> ①　介護計画に含まれる内容は，「目標」「期限」「具体的計画」の3つである。
>
> ②　介護計画は，利用者が実施可能な内容であるとともに，介護職が実

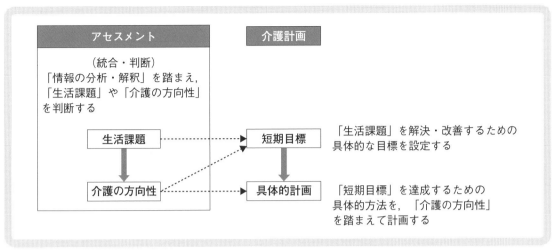

図4-6　アセスメントと介護計画の連動性

施可能な内容である。
③　介護計画は，本人や家族への説明と同意を得て実施する。
④　介護職は，介護計画の内容をチームで共有し，実施する。

2　目　　標

　介護計画における目標は，「生活課題」の改善・解決に向けて利用者が目指す状態や，「生活課題」の改善・解決によって期待できる利用者の状態を表しています。
　目標は，「短期目標」，「長期目標」の2つがあります。

短期目標：「生活課題」を解決・改善するための具体的な目標。短期目標の達成を積み重ね，長期目標の達成に行きつくまでの段階的な目標。

長期目標：「生活課題」を解決・改善し，最終的に目指す生活のあり様を包括的に表したもの（短期目標が達成されることで期待される状態や，目標となる生活の様子）。

■1)「短期目標」に対する設定の留意点

　短期目標は，生活課題に対する具体的な目標です。設定するときの留意点は以下の通りです。
①　ひとつの生活課題に対する短期目標は，ひとつでもよいし，複数に分けて段階的に設定してもよい。
②　生活課題を改善・解決できることで，利用者はどのような状態になる

　　ことを望んでいるのか，期待できる状態を「目標」として表現する。

③　短期目標は利用者が納得できるもので，利用者と介護職とで共有できるものとする。

④　短期目標は利用者の目標であるため，利用者のありたい姿や状態，利用者主体の表現で記述する。

利用者主体の表現	介護者主体の表現
転倒せずに歩くことができる	転倒に注意して援助する
楽しみをみつけることができる	笑顔がみられるような活動を行う

④　目標を達成できたかがわかりやすく，評価しやすいように，達成できた姿を「具体的な状態」や「具体的な行動」で表して，目標を設定する。

評価しやすい表現	評価しにくい表現
1 日に 1 回，外気浴を 10 分程度できる	メリハリのある生活をする
歩行器を使用して，食堂まで転倒せずに歩行できる	安全に歩行できる

■ 2)「長期目標」に対する設定の留意点

　長期目標は，利用者の望む生活のあり様を示した包括的な目標です。短期目標を達成することで実現可能な生活です。設定するときの留意点は以下の通りです。

①　長期目標はひとつ設定する。

②　短期目標のように具体的表現でなくてもよい。目標となる一定の地点や，一定の志向性を示すものであり，抽象的な表現でよい。

③　長期目標は利用者が納得できるもので，利用者と介護職とで共有できるものとする。

④　長期目標は利用者の目標であるため，利用者のありたい姿や状態，利用者主体の表現で記述する。

③　期　　　限

　期限とは，「短期目標」，「長期目標」の達成を目指す期限です。つまり，「短期目標」，「長期目標」の達成を評価する日です。期限の設定においても，達成期限の根拠を明確にしておくことが大切です。

　「短期目標」，「長期目標」の期限を設定する目安は下記の通りです。

・短期目標：その生活課題が緊急を要するものであれば数日ということもあるが，1 週間〜 3 か月くらいを目安に設定する。

・長期目標：一般的には，6 か月〜 1 年くらいを目安にする。

④ 具体的計画

具体的計画とは、「短期目標」を達成するための具体的な支援内容、支援方法のことです。

具体的計画を立案するときには、これまでアセスメントしてきた内容を活かすことが大切です。また、だれがみても誤解なく同様の支援が提供できるように、わかりやすく記述します。具体的計画を立案するときの留意点は下記の通りです。

① だれがみても実践できるように、具体的な支援内容・方法を5W1Hで記す。

だれが（Who）、いつ（When）、どこで（Where）、何を（What）、なぜ（Why）、どのように・どの程度（How）

② ①について、時間、距離、量、場所などは、利用者の状況に合わせて具体的に記述する。

③ 利用者本人に合った状況や、無理のない方法で立案する。

④ 利用者や家族の意思を尊重して作成する。利用者や家族が納得していて、利用者の能力が活用できるもの、安全・安楽に留意して立案する。

⑤ 利用者および介護職が実行可能なものを立案する。

⑥ 見守りや観察をする場合は、その具体的内容を記述する。統一した言葉がけや留意する言葉がけがある場合は、その具体的内容を記述する。

長期目標	脳性麻痺の二次障害の症状の悪化を予防し、自らの意思で地域生活を維持・拡大することができる。

生活課題	短期目標 （月/日〜月/日）	月日	具体的計画
1. 安全な方法で食事を摂取し、摂取量を維持したい。	食事をむせずに全量摂取することができる。 （1/10〜2/10）	1/10	① Cさんに、食事を安全な方法で全量摂取することは今後の生活の維持に欠かせないことを説明し、理解を得る。 ＜以下、毎食時の介護計画＞ ② 身体の痛み、しびれ、緊張等の体調を確認する。 ③ 食事用文字盤を使いメニューを決定する。その際は、栄養のバランスに留意する。 ④ 調理中、味と硬さをCさんに確認する。 ⑤ 安定した食事姿勢に整える。 　・車椅子に深く座っていることを確認し、足底をフットレスト（フットサポート）に置く。 　・ヘッドレストを調整し、安定した首の位置を保つ。 　首から頬にかけての筋肉をほぐす。 ⑥ Cさんの食べるペースに合わせて介助する。むせ、疲労感を観察する。 ⑦ 摂取量、摂取時間を確認する。

4. 実施と評価

1 実　　施

■ 1）具体的計画の実施

　実施とは，立案した具体的計画を実施することです。具体的計画は短期目標を達成するために立案したものであり，利用者に行う支援の全てが書かれているわけではありません。通常行う支援に加えて，具体的計画で立案した内容を実施します。実施する際の留意点は下記の通りです。

① 実施にかかわる介護職全員が，事前に「目標」,「期限」,「具体的計画」を理解してから実施する。

② 計画立案のときに利用者の確認を得ているが，利用者主体や利用者の意思尊重は基本であるため，実施前にも具体的計画の目的と方法を利用者に説明し，同意を得て行う。

③ 計画立案のときと比べて，利用者の状態や気持ちが変化している可能性があるため，実施前に利用者の体調や気持ちを確認してから行う。

④ 実施前に，必要な物品に不足がないように準備をする。

⑤ 実施中は，利用者の反応をみながら，安全・安楽に留意して行う。

⑥ 利用者の体調が悪いときや，よくない変化のあるときは計画を中止する。

⑦ 計画内容に修正が必要な場合は，再度アセスメントをしたうえで介護計画を立案する。

■ 2）実施に対する記録

　具体的計画を実施した際は，実施した日時，実施内容，実施中および実施後の利用者の状況や反応を記録します。また，具体的計画を実施する予定の日時に実施できなかった場合は，実施できなかった理由や利用者の状況などを記録します。

　実施記録を書くことにより，支援の経過や利用者の変化の有無がわかります。また，利用者の状況や反応，実施による成果などが書かれた記録は，今後のための重要な情報やデータとなります。

　具体的計画の「実施」に対する記録を書くときの留意点は下記の通りです。

① 具体的計画を実施した日時を記録する。

② 具体的計画を，「だれが」,「いつ」,「どこで」,「どのように」,「どの

具体的計画	月日	実施	月日	評価
① Cさんに、食事を安全な方法で全量摂取することは今後の生活の維持に欠かせないことを説明し、今後の理解につなげてもらえるよう努める。	1/15	① 1/15 午前中のリラックスしている時間をみはからって話しかけた。 以前よりむせることが増えたので気になっていること、食事の摂取量が減ると元気がなくなり外出等のやりたいことができなくなる可能性があることを説明し、対策として、医療職と相談して安全で食べやすい方法を検討したほうがよいと伝えた。 また、これまで通りCさんが食べたいものを考え、調理にも参加し、全量摂取することが健康の維持に欠かせないことを説明した。 Cさんは文字盤を通して「むせると疲れるとわかりました。」と返答した。 （記録：X）	2/10	Cさんの大切にしている生活と結び付けて、食事摂取の重要性を説明できたことが、Cさんの理解につながったと考える。 今後、その時々の身体状況に合わせて、むせずに摂取できる方法を、Cさんとともに考えていきたい。 体調はおおね良好で、摂取量も変化はない。食事摂取時間の後半で多少のむせがあることから、同一姿勢による姿勢の影響している可能性がある。疲れにくい姿勢の確保、とろみの増量、食べやすい食材の検討など、医療職、栄養士との連携のもと、Cさんとの話し合いをしていく必要がある。
＜以下、毎食時の介護計画＞				
② 身体の痛み、しびれ、緊張等の体調を確認する。				
③ 食事用文字盤を使い、メニューを決定する。 その際は、栄養のバランスに留意する。	外出時以外毎日	③ 食事のメニューは今まで通りCさんが選択している。		1/14、外出先の食事で背部等の痛みを訴えたが、疲労が影響しているかはわからない。今後、これらの痛みの起こりやすさの検証や、食欲低下時でも摂取できる食事内容の工夫が必要である。 （記録：X）
④ 調理中、味と硬さをCさんに確認する。		④ 食事中の顔色、表情、背中や腰の痛みの訴えはない。		
⑤ 安定した食事姿勢に整える。 ・車椅子に深く座っていることを確認し、足底をフットサポートに置く。 ・ヘッドレストを調整し、安定した首の位置を保つ。 首から頬にかけての筋肉をほぐす。		⑤⑦ ⑤について文字盤を用いて実施したところを確認しながら実施した。毎食ほぼ全量摂取、摂取時間はおおむね20分程度。10分を過ぎたころより、お茶でむせることがたびたびあった。 （記録：Y）		
⑥ Cさんの食べるペースに合わせて介助する。	2/14	②⑥ 1か月間、体調の変化や生活リズムの変化はない。 夕食開始10分を過ぎたころから、背中・腰の痛みを訴える。ティルトの角度を調整し、座る位置をずらすと全量摂取した。 （記録：Z）		
⑦ むせ、疲労感を観察する。 摂取量、摂取時間を確認する。				

程度」実施したかと，そのときの利用者の状況や反応について，事実を記録する。

③　実施に対する結果や成果がどうであったか，事実を記録する。

④　読み手がわかりやすいように簡潔，具体的に記録する。わかりやすさの工夫のために，実施内容に見出しをつけて記録してもよい。

⑤　実施者の名前を記入する。

② 評　　価

評価とは，介護計画を実施した後に，利用者の生活課題の改善・解決のために作成した介護計画が適切・妥当であったかどうかを評価することです。利用者と共に評価するのが望ましいと言えます。

■1）評　価　日

通常の評価日は，介護計画で設定した短期目標・長期目標の達成期限の日です。評価日の設定は，下記のような状況があります。

・評価日は，介護計画で設定した短期目標・長期目標の達成期限の日である。

・達成期限の途中であっても，利用者の生活状態に変化が生じたなどの理由で，必要がある場合は評価する。

・具体的計画に対する評価については，計画を実施するたびに評価することがある。

・介護実習では，達成期限の途中であっても実習期間中に評価することがある。

■2）評価の対象

評価は，「具体的計画の実施に対する評価」と，「短期目標の達成度」を中心に評価します。

（1）具体的計画の実施に対する評価

・具体的計画に沿って実施したか

・目標達成のための内容・方法からみて適切・妥当であったか

・安全・安楽，効率性はどうであったか，など

（2）短期目標の達成度評価

短期目標が達成されたかどうかを評価します。短期目標が達成されたということは，生活課題の改善・解決につながったということです。

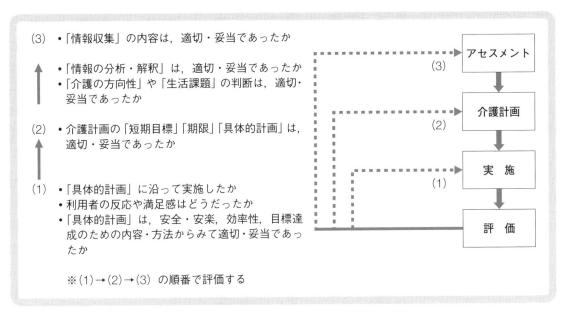

図4-7 「介護過程」の段階に沿った評価の視点

出典）介護福祉教育研究会（2016）『楽しく学ぶ介護過程』改訂第3版，久美，56.を一部改変

① **短期目標が達成された場合は，下記を検討**

・設定した生活課題や介護計画を，今後も継続することが必要かどうか
を検討する。

・再アセスメントして，新たな生活課題を設定して介護計画を立案する
必要があるかどうかを検討する。

② **短期目標が達成されなかった場合は，下記を検討**

・なぜ達成できなかったのかを，図4-7のように介護過程の各段階にさ
かのぼって検討し，見直しを行う。

長期目標の達成度評価については，短期目標の達成によって長期目標が達
成できたかどうかを評価します。長期目標に向けて課題が残されている場合
は，生活課題の再アセスメントや，必要に応じて介護計画の修正を行います。

実施してみて初めて気づくことがあり，介護計画の実施により得られた評
価は，再アセスメントに活かします。

③ カンファレンス

適切な支援を行うために支援にかかわる関係者が集まり，討議する会議を
カンファレンス（conference；会議，協議）と呼びます。介護過程は利用者
の個別ケアや，介護職によるチームアプローチと多職種連携によるチームア
プローチの実践を支える方法です。そのためには，関係者がよく話し合いを

して介護過程を展開する必要があります。

　介護過程を展開するためのカンファレンスは，下記のような目的があります。

①　情報の共有，介護の方向性・具体的計画の妥当性の検討。

②　関係職種との連絡調整。

③　チームメンバーの意思統一を図り，一貫した介護実践を目指す。

④　介護計画を実施した結果をもとに，評価・修正を行う。

　カンファレンスが効果的に実施されるためには，カンファレンスの目的を事前に明確にし，参加者が事前に準備をして臨むことが大切です。

　カンファレンスは，利用者にとって必要なことや関係者が共有すべきことが，参加者の職階や職種，年齢などにとらわれることなく自由に発言できることが重要です。思い付きや内容と関連のない発言をさけ，建設的で責任のある発言，具体的で簡潔にまとめた発言を心がけます。他者の発言を傾聴する，適切な態度で聞くなどの基本的なことを守り，課題解決に向けてカンファレンスの場が有効なものとなるように協力しあいます。

第 5 章

事例による介護過程の学習

　ここではまず，事例を紹介します。演習資料（p.147 ～ 155）にある「情報収集シート」，「アセスメントシート」，「介護計画」を活用して，介護過程を展開してみましょう。

　また，付章に 4 つの事例を掲載しました。本章での学びを踏まえ，それぞれの事例についても介護過程を展開してみてください。

1. 事例紹介

【情報源】
・「プロフィール」，「健康，心身機能・身体状況」は，記録からの情報。
・利用者本人および家族からの情報は，「　」内に記している。
・上記以外は，記入者の観察からの情報である。

【プロフィール】

　氏名：Jさん　年齢：81 歳　性別：女性　生年月日：XX 年 9 月 10 日
　要介護度：要介護 3，認知症高齢者の日常生活自立度：Ⅲa，
　障害高齢者の日常生活自立度：A1
　家族：長男夫婦と孫，娘は他県で生活している。
　5 年前（76 歳）から物忘れが目立つようになった。4 年前に，HDS-R：17/30 点などからアルツハイマー型認知症と診断された。徐々に炊事や買い物を行わなくなり，電話の伝言や服薬管理も困難となった。3 年前よりデイサービス（週 2 回）と，ショートスティ（月 1 回）の利用を開始した。その後，認知症の症状が進行し，ADL に支障を来す場面が多くみられるようになり，1 か月前にグループホームに入居した。現在は，HDS-R：12/30 点。
　現在は，長男夫婦や孫が交代で面会に来ることをとても楽しみにしている。性格は家族思いで温和，几帳面できれい好きである。寂しがりや

で心配性な一面がある。入居後1か月が経過したが，夕方になると不安感が強くなる。

　居宅サービス計画における現在の「総合的な援助の方針」は，「本人のペースに合わせ，快適で安心した日常生活が送れるように援助する」である。

①　生　活　歴

　高校を卒業後，役場に勤務し事務を行っていた。25歳で結婚し，専業主婦となる。一男一女が生まれた。10年前に夫を病気で亡くして一人暮らしとなったため，長男夫婦と同居した。

②　利用しているサービス

　認知症の症状が進行し，グループホームを利用している。

③　健康，心身機能・身体状況

　68歳から骨粗鬆症および変形性膝関節症を発症しており，アルファロールカプセル（1μg）を内服している。変形性膝関節症により，立ち上がりや歩行時に膝の痛みが強いときは湿布を貼付している。麻痺や拘縮はない。便秘のため，3日間排便がない場合はプルセニド（12mg）を内服している。視力が低下し，眼鏡を使用している。聴力は問題ない。

　77歳でアルツハイマー型認知症と診断された。現在，アリセプトD錠（5mg）を内服している。記憶障害，見当識障害がある。理解力・判断力の低下がみられる。時々，食事をしたことを忘れることがあり，職員に確認している。他入居者から声をかけられると笑顔で応じるが，話の内容をすぐに忘れ，同じことを繰り返し話す。ひとつひとつの動作に言葉がけをすると安心し，次の動作に移ることができる。

　3月4日の計測では，身長：158cm，体重：48kgであった。バイタルサインは，血圧：126/72mmHg，脈拍：72回/分，体温：35.7℃，呼吸：17回/分。

④　意思表示・意思決定

　構音は正常で発話は流暢である。話のつじつまが合わないときは，職員が会話の橋渡しをしている。伝えたいことがあるときは，話の内容をシンプルにして，ゆっくり話すと，Jさんは

理解しているようだ。ひとつの動作が終わると次に何をしたらよいのかわからなくなる。職員に「どうしたらいいの？」とたずねることがある。

⑤ Ａ Ｄ Ｌ

・**移動・移乗**：膝関節痛はあるが，安定した姿勢で杖歩行をしている。移乗は，手すりや椅子などにつかまりながら行っている。寝返りや起き上がり時はサイドレールを使用している。安定した姿勢で座位を保てる。

・**食事**：食事は，毎回全量摂取している。リビングルームで，箸を使い自分で摂取している。食事中は，同じテーブルの他入居者と会話しながらも集中して摂取している。総義歯を装着している。咀嚼，嚥下は問題ない。

・**排泄**：尿意・便意はある。時々，尿失禁があり，日中・夜間ともにリハビリテーションパンツを使用。トイレの場所がわからないことがあるため，職員の言葉がけ・誘導で移動している。排便時に拭き取りが不十分なときがあり，職員が確認してリハビリテーションパンツを交換している。

・**清潔**：入浴は一般浴を利用している。職員の言葉がけで自分で洗うことができる。洗髪や背中など手の届かないところは洗い残しがあり，一部介助にて体を洗っている。

・**整容**：外出の際は，いつも以上におしゃれに気をつかっている。洗面用具一式を職員が準備すると，歯磨き，洗顔，整髪は自分でしている。爪切りは職員が行っている。

・**更衣**：着る順番や方法を伝えると，上衣・下衣とも自分で着替えることができる。動作に時間を要する。「自分で着替えたい」と言う。

⑥ 日 常 生 活

　他入居者とは食事や洗濯たたみの時に会話をするが，それ以外は一人で過ごすことが多い。リビングルームで一人になると「何をしたらいいですか？」とたずねる。特に夕方になると不安感が強くなる。夕方に窓の外をながめ，「家に帰りたい」と話すことがある。眠るまでに時間がかかり，他の入居者の部屋をのぞいたり，リビングルームと居室を往復するなど落ち着かないことがある。夜は人がそばにいると安心した様子を見せる。不安そうな場面では，職員が会話したり，背中をさすったり手を握ると落ち着く。睡眠時間は毎日8時間程度である。

　食欲はあり，いつも食事の時間を心待ちにしている。3月2日の水分摂取量は1,180 mL（7時〜8時：300 mL，10時：180 mL，12時：250 mL，15時：200 mL，18時〜20時：250 mL）であった。

　排尿は1日6〜7回，排便は2〜3日に1回程度である。3月2日の排尿は，7時，10時，13時（失禁），16時，20時，3時（失禁），4時であった。尿失禁があると「ごめんなさい」と言い，困ったような表情をしている。

⑦ 参加，役割，趣味

　動物好きで，家では犬を飼っていた。「私，わんちゃん大好きなのよ」と

	グループホームの日課	1日の過ごし方（3月2日）	1週間の過ごし方
午前	6：00　起床 6：30　朝食準備 7：00　朝食 　　　　後片付け 9：00　掃除 10：00　ティータイム 10：30　健康チェック 11：00　体操 　　　　昼食準備	他入居者とテーブル拭き，食器類を並べる 食器洗いの手伝い 職員とベッド周りの整理 リビングルームでコーヒーを飲む 「北国の春」体操 職員と調理の手伝い	入浴は月曜日と木曜日の週2回，金曜日には医師の診察がある。
午後	12：00　昼食 　　　　後片付け 14：30　趣味活動 15：00　ティータイム 17：30　夕食準備 18：00　夕食 　　　　後片付け 19：00　くつろぎの時間 　　　　就寝の準備 21：00　消灯	食器洗いの手伝い リビングルームでレクリエーションに参加 リビングルームでお茶を飲む リビングルームで過ごす 他入居者とテーブル拭き，食器類を並べる 食器洗いの手伝い リビングルームで過ごす 就寝	外出は，水曜日に買い物外出，天候に合わせて土曜日・日曜日にドライブを楽しんでいる。

月間や年間の予定
1月：書初め，初詣	2月：節分（豆まき）	3月：ひなまつり（桃の節句の民謡会）
4月：お花見（花壇整備）	5月：母の日（食事会）	6月：父の日（食事会）
7月：バーベキュー	8月：夕涼み会（花火大会）	9月：敬老会（創作展）
10月：ハロウィン（ショッピング）	11月：紅葉狩り（ドライブ）	12月：忘年会（バイキング）

嬉しそうに話す。施設で飼っている犬が近づくと，喜んで抱っこしている姿がよく見られる。

民謡が好きで，手拍子に合わせ楽しそうに歌う。買い物外出やドライブなどの行事には積極的に参加している。外出好きである。買い物外出のときに，Jさんがお菓子や日用品を購入することがある。それ以外は長男夫婦が用意している。日常の金銭・服薬の管理は職員が行っている。

職員が言葉をかけると手際よくテーブルを拭いたり，お茶碗を並べる。手伝いをしているときは表情が明るく活気がある。洗濯は職員が行っているが，洗濯した衣類は職員と他入居者と一緒にたたみ，たんすにしまう。1週間に1回，職員と一緒に居室に掃除機をかける。衣類は，職員の言葉がけにより自ら選んでいる。職員があわただしく動いていると，「何かやりましょうか？」と言う。

⑧ 経 済 状 況

年金受給（約7万円/月）のほか預貯金があり，現在の生活には困っていない。

⑨ 人 的 環 境

同市内に住む長男夫婦や孫が週2回面会に来ている。長女は結婚して他県

に居住している。食事の席が近い
特定の入居者と会話をしている。

⑩ **生活環境**

　居室は個室。家族がJさんと一
緒に整理整頓を行っているので,
部屋は片付いている。

2. 介護過程の展開

●事前学習

　Jさんの下記の情報について,事前に学習し,情報の意味を理解しましょ
う。

　・アルツハイマー型認知症　　　・HDS-R：12/30点
　・要介護度3　　　　　　　　・認知症高齢者の日常生活自立度：Ⅲa
　・障害高齢者の日常生活自立度：A1　　・変形性膝関節症

■1) 情報収集

　◆演習14◆　情報収集シートの「1. 過ごし方」の欄に情報を記入する

　　情報収集シート (1) の「Ⅰ. 生活・くらし」の「1. 過ごし方」の項目に
　は,ある日の1日の過ごし方,1週間の過ごし方,月間や年間の予定を記入
　する欄があります。これらの項目に関連する情報を事例から読み取り,情報
　収集シートの「1. 過ごし方」の欄に情報を記入しましょう。

　◆演習15◆　情報を整理する

　　情報収集シート (1) (2) (3) に,Jさんの情報を整理しましょう。

■2) アセスメント

(1) 現在の生活の全体像

　「現在の生活の全体像」は,「注目する情報に対する分析・解釈」を行いな
がら記述してもよいです。あるいは,「注目する情報に対する分析・解釈」

を記述した後に記述してもよいです。

◆演習 16 ◆　情報収集シートから生活の全体像を記述する

　整理した「情報収集シート」のⅠ〜Ⅶを見て，次のようなことを行ってみましょう。

① 年齢，性別，どこで生活をしているかを確認する。

② 「Ⅳ．健康・心身の状況」を見て，疾病や障害などを簡潔にまとめる。

③ 「Ⅱ．生活・人生の個人的背景」，「Ⅲ．環境」を見て，現在の生活の特徴となるような情報があれば簡潔にまとめる。

④ 「Ⅰ．生活・くらし」，「Ⅴ．コミュニケーションと意思決定」，「Ⅵ．日常生活行為」を見て，Ｊさんの生活の状況，活動や参加について，簡潔にまとめる。

⑤ 「わたしの願い・思い，言動」を見て，生活に対する思いなどを考えてみる。

⑥ ①〜⑤に整理した内容で，ポイントになるところを選び，「現在の生活の全体像」を簡潔に記入する。

---

(2) 注目する情報

　整理した情報収集シートを見て，「注目する情報」を選びます。「注目する情報」は，これから介護過程を展開するための「手がかり」となる情報です。

◆演習 17 ◆　「注目する情報」を選ぶ

① 「介護過程展開の視点」からみて，「注目する情報」を選びます。その「注目する情報」は，どのような視点・根拠で選んだかがわかるように○をつけます。

介護過程展開の視点　注目する情報	注目する情報を選び出した視点，根拠								
	実践の目的					実践の基盤			
						望む生活	介護サービスの理念		
	活動（ADL，IADL）の維持・改善	参加や役割の維持・拡充・実現	健康の維持・改善	社会生活の維持・拡充	安心・安楽，生活の満足感	本人の願い・思い	尊厳の保持	利用者主体	自立支援

【記入例】

注目する情報	実践の目的					実践の基盤			
						望む生活	介護サービスの理念		
	活動（ADL, IADL）の維持・改善	参加や役割の維持・拡充・実現	健康の維持・改善	社会生活の維持・拡充	安心・安楽、生活の満足感	本人の願い・思い	尊厳の保持	利用者主体	自立支援
体の痛みがある	○		○		○	○			
外出を希望している	○	○		○		○		○	○

② 注目する情報が多くあった場合は，これから分析・解釈をするために 3 つ以内にしぼりましょう（理由は，介護過程の学習をしやすくするためです）。

(3)「注目する情報」に対する分析・解釈

演習 17 で決めた「注目する情報」を，アセスメントシートの「注目する情報」の欄に記入します（情報番号をつけて記入するとよい）。

「注目する情報」のひとつひとつに対して，これから分析・解釈を進めます。

◆演習 18◆　「注目する情報」に関係する情報を，情報収集シートから探す

① 「注目する情報」に関係する情報を，情報収集シートに記載された情報から探します。

② ①であがった情報の番号（1 ～ 24）を，『「注目する情報」に対する分析・解釈』の欄に記入します。

③ ②で記載した情報の意味を考えたり，情報間の関連性を考えながら分析・解釈を行います。

④ 分析・解釈を進めるために，「注目する情報」であげたことに対して，下記のようなことを検討するとよいでしょう。

※下記に順番はありません。また，下記の全て行う必要はありません。

- ・「図 4-3　アセスメントシートの概要」（p.72）を参考に，分析・解釈を行う。
- ・ICF の「生活機能モデル」（p.172）を使い，情報の関連性を検討する。
- ・「表 2-2 「活動」「参加」の事実に関連するプラス面とマイナス面の情報」（p.49）を使い，関連する情報を整理する。
- ・「図 4-5　情報を視覚化し分析・解釈する方法の例」（p.73）を参考に，情報を視覚化し，分析・解釈を表す文章を考える。

⑤ 何について分析・解釈をしているかがわかるように，情報項目の番号を記します。さらに，内容のまとまりを示したり，読みやすくするため，適宜番号をつけます。

情報の分析・解釈		統合・判断		
現在の生活の全体像		1	①より	生活課題
1，2，3，5，16，17，19，23，24 ・・・・・・・・・			…………………… …………………	2．………… …………
注目する情報	「注目する情報」に対する 分析・解釈	2	②③より	
17．・・・・	①　1，16，23，24 …………………… …………		…………………… …………………	1．………… …………
3．・・・・	②			

◆演習 18 のヒント◆

＊「注目する情報」を「21．尿失禁があると『ごめんなさい』と言い，困ったような表情をしている」とし，これに関する情報を集めてみます。

＊「関連する情報」を下記にあげました。表 2-2，図 4-5 を参考に，情報の意味を考え，分析・解釈を行ってみましょう。

番号	"注目する情報"に関連する情報	分析・解釈
21	尿失禁があると「ごめんなさい」と言い，困ったような表情をしている	
21	尿意・便意はある	
21	ときどき尿失禁する	
17	記憶障害，見当識障害がある	
21	トイレの場所がわからないとき，職員の言葉がけ・誘導で移動している	
19	立ち上がりや歩行時は膝の痛みがあるが，安定した歩行姿勢である	
17	変形性膝関節症のため，立ち上がりや歩行時に膝の痛みがある	
23	更衣の動作に時間を要する	
24	ひとつひとつの動作に言葉がけをすると安心し，次の動作に移ることができる	
5	1 か月前にグループホームに入居した	

（4）統合・判断

「情報の分析・解釈」した結果を踏まえ，「統合・判断」を行います。

「注目する情報」に対する分析・解釈は，「注目する情報」のひとつひとつに対して行ってきました。しかし，「統合・判断」の段階では，2 つ以上の内容をまとめて整理した方がよい場合もあります。ひとつの内容ごとに「統合・判断」の文章を書くのか，2 つ以上をまとめて書くかも考えていきます。

・第4章2. ④：統合・判断（pp.74-75），図4-3：アセスメントシート
の概要（p.72）を参考に，統合・判断を行う。
・「生活課題」とする場合は，生活課題に対する「介護の方向性」を検
討する。検討した結果は，次の「介護計画」の内容に活かす。

◆演習 19◆ 「統合・判断」を文章化する

① 演習 18 で分析・解釈した結果や，「介護過程展開の視点」を踏まえ，次
の演習シートにある 1）～ 3）について検討しましょう。

② 演習シートに記入した内容をもとに，「統合・判断」を文章化してみましょ
う。

1) -1	演習 18 の分析・解釈や，介護過程展開の視点からみて，予測される状態や，望ましい（期待できる）状態はなにか？	それはなぜか？（根拠）
-2	1)-1, 演習 18 の分析・解釈や，介護過程展開の視点からみて，支援する必要性があるか？	それはなぜか？（根拠）
2)	1）を踏まえ，介護計画を立案して取り組むための「生活課題」として取り上げるかどうかを決定する	それはなぜか？（根拠）
3)	「生活課題」とする場合は，生活課題を解決するための「介護の方向性」を判断する	

---

(5) 生 活 課 題

「統合・判断」の結果を踏まえ，「生活課題」を表現します。
生活課題が複数ある場合は，優先的に取り組む生活課題を決定します。

■3) 介 護 計 画
(1) 目標の設定

「生活課題」に対して，アセスメントで判断した介護の方向性を踏まえて，
「介護計画」を立案します。
「短期目標」「長期目標」の意味，目標設定の留意点は，第 4 章（pp.77-78）

の通りです。

（2）期限の設定

「短期目標」「長期目標」の達成を目指す期限を考え，期限の設定を行います。

（3）具体的計画の立案

「短期目標」を達成するための具体的な支援内容，支援方法を考え，具体的計画を立案します。

具体的計画を立案するときの留意点は，第4章（p.79）の通りです。

■4）実　　施

「実施」に対する記録方法は，第4章（pp.80-82）を参考にしてください。

■5）評　　価

「評価」に対する記録方法は，第4章（pp.82-83）を参考にしてください。

◆演習20◆　「具体的計画」をグループでロールプレイし，実施・評価について学ぶ

「具体的計画」について，ロールプレイを通して実施します。

この演習を通して「実施」のあり方，「実施」対する記録，「評価」の記録について学びましょう。

■演習の目標

1）「生活課題」「短期目標」「具体的計画」の内容をグループメンバーで共有できる。

（個人で介護過程を検討した場合は，その内容をグループメンバーに伝える。グループで介護過程を検討した場合は，再度共有を行う。）

2）「具体的計画」の目的と方法を利用者に説明し，同意を得て行うことができる。

3）「具体的計画」にそって実施することができる。

4）実施前に，必要な物品に不足がないように準備をすることができる。

5）利用者の反応をみながら，安全・安楽に留意して行うことができる。

6）実施した内容について，その結果を記録することができる。

7）実施した結果を踏まえ，介護過程の評価を行うことができる。

■演習方法

1）準　備

・「生活課題」のなかからひとつを選び，それに対する「短期目標」と「具体的計画」の内容をグループメンバーで共有する。

・「具体的計画」の中からひとつを選び，ロールプレイを開始する場面を検討する。

・個別性の観点から配慮すべき点があれば検討する。

2）グループメンバーの役割を決定する（例：利用者役，介護者役，他の入居者役，記録係など）。
3）必要物品の準備を行う。
4）「具体的計画」の手順，留意点を確認する。
5）「具体的計画」の「実施」をロールプレイする。

■**ロールプレイの実施**
1）「生活課題」「短期目標」「具体的計画」を口頭で発表する。
2）「具体的計画」の実施をロールプレイする。
3）他グループは発表に対する気づき・評価を述べ，意見交換を行う。

■**記　録**
1）ロールプレイを踏まえ，具体的計画の「実施」について記録する。
2）具体的計画の「実施」および意見交換を踏まえ，「評価」について記録する。
（※1回の実施で評価を行うのは難しいが，記録の演習として今回は評価を行う。）

巻末に，「情報収集」「アセスメント」「介護計画」の参考資料があります。
（pp.148-155）

第6章 さらなる学びに向けて

1. 介護過程の展開を事例研究として まとめる

　介護の現場では，より質の高いケアを行うために研究や検討会が行われています。事例研究は，特定の利用者や特定の場面に焦点を当て，支援過程や利用者の状況を分析・評価し，支援の方法や着眼点などを深める目的で行われています。日々の実践を振り返り，分析し，評価を積み重ねることは，個別ケアやチームアプローチの質の保証，サービスの質の向上につながります。

　介護過程を展開した後に，その介護過程を事例研究という形で評価・検証することは，実践を研究的視点で再検討することになります。本章では，実習で行った介護過程を素材にした事例研究の目的や進め方について述べます。

1 事例研究の意義

1）事例，事例研究の言葉の意味

　「事例研究（case study）」は，事例に対する研究です。「事例」には，実例や個々の出来事という意味があります。「研究」とは，特定の物事を詳しく調べたり深く追求することです。事例研究は，実際に起きた事実＝「事例」を分析することで，何らかの知見（知識や考え）を得ようとする研究方法です。

　事例研究と似た用語に，「事例報告」，「事例検討」，「ケース研究」があります。それぞれの用語は，区別して使用される場合もあれば，同じような意味で使用されることもあります。しかし，どのような用語であっても，「事例」として取り上げるという意味においては，次のような共通性があります。

①　実際に起こった・経験した（起こっている・経験している）という具体的な「事実」を素材にしている。

②　何かを解決したい，何かを深めたい，困ったことがある，成功・失敗した理由を明らかにしたいなど，なぜ研究（報告）をするのかという「目的」がある。

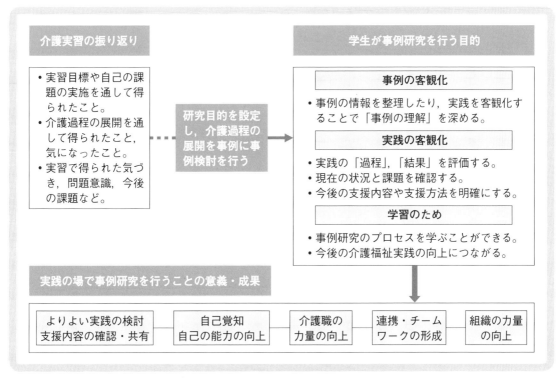

図6-1　学生が事例研究を行う目的

　学術的な研究論文には一定の質が求められます。本章では，学術的なレベルでなくても，事例をもとに研究を行うことを「事例研究」と呼ぶことにします。

■ 2）事例研究の意義

　介護過程の展開を事例として事例研究を行うことで，多くの学びを得ることができます。図6-1は，介護実習で介護過程を展開し，その事実をもとに事例研究を行う場合の意義を，「学生が事例研究を行う目的」としてまとめたものです。

（1）「振り返り」の意義

　「振り返り」とは，自分の行動や考えなどをかえりみることです。「振り返る」という姿勢は，体験や実践を整理したり体験や実践から学ぶときの基本です。

　実施した介護実習の振り返りを行うと，実習目標や介護過程の展開を通して得られたことや，実習全体からの気づきや今後の課題などが生まれます。事例研究の目的を明確化する場合も，自分自身や自己の実践を振り返ること

は事例研究を行う出発点になります。

(2)　「目的」からみた意義

　事例研究を行う「目的」はさまざまです。図 6-1 では，学生が事例研究を行う目的として，「事例の客観化」，「実践の客観化」，「学習のため」をあげています。介護過程を素材に事例研究等を行う場合，下記の意義があります[1]。

① 　介護過程の全体を評価・考察し，実践を見直すことができる。

② 　かかわりの経過や現状を多面的に理解し，利用者理解や自己理解に結びつけ，今後のかかわり方や支援に活かすことができる。

③ 　実践をまとめる過程は，実践を客観的に評価する機会となる。また，先行研究との比較などから支援内容を客観的に評価することができる。

④ 　事例をまとめ，他者から意見を聞くことは，視野を広げ，考えの修正ができる機会となる。

⑤ 　介護福祉の知識・技術・価値などのあり方を検討することができる。

⑥ 　事例研究にまとめる過程を通し，研究・検討の目的と方法，論文の記述方法について学ぶことができる。

2　倫理的配慮

　研究の対象者（協力者）は自己決定する権利，プライバシー保護・匿名である権利，不快なことや有害なことから保護される権利などをもっています。これらの人権を保護することや不正行為を行わないことが倫理的配慮です。

　研究に先立って研究計画書を作成して研究を開始する場合，**研究計画書**には，①研究の対象者（協力者）に対する研究の説明，②研究に同意を得る方法，③研究への協力は自由参加であること，④研究に参加したことによる不利益がないように最善を尽くす方法を明記します。事前に研究倫理審査委員会の承認を得て研究を開始した場合は，必ずそのことを論文中に記載します。

　しかし，介護実習で介護過程を展開し，その介護過程を事例研究としてまとめる場合は，事前に研究計画書を作成することが困難です。その場合は，対象者（協力者）の人権を守るという一般的な研究倫理を実行します。そのうえで，プライバシー保護や匿名である権利を守ったことを示すために，「倫理的配慮として，個人や施設が特定されないように配慮した」などと論文の中に記すとよいでしょう。実習施設に許可や同意を得ている場合は，「対象者・協力機関には結果公表について説明し，許可を得た」，「個人名や施設名の公表に同意を得ている」など，説明と同意の方法を記述します。

　個人情報を保護するために，アルファベットを使用します。利用者氏名，地名，施設名などの固有名詞のほか，個人や集団を特定できる情報は「A 地

域，B施設，C利用者，D職員……」というように，必要に応じて順にアルファベットで書きます。入所年月日などが必要な情報であれば「X年」，「1年前」などと書きます。年齢は「○歳代」と書くなど，常に個人・集団が特定されないように配慮して執筆します。

③ テーマ（論題）と目的の設定

図6-2は，事例研究のプロセスを簡単にまとめたものです。

事例研究の最初の段階は，研究のテーマや目的を決めることです。研究テーマとは，何に対する研究か，研究で解決すべき問題，知りたいと思うことや深めたいことなどです。例えば，高齢者のQOL，認知症高齢者のケア，障害のある人の理解，コミュニケーション方法，在宅介護，虐待防止などのように研究の中心的なものです。

研究目的とは，研究を何のために行うのか，何を目指して研究するのか，何を論じるのかをはっきりさせることです。研究を行う最終的な目標，研究の終着点（ゴール）です。研究目的は，「……について考察する」，「……を明らかにする」，「……の要因を分析する」のように書きます[2]。テーマと目的は範囲を広げず，焦点をしぼることが大切です。

①研究のテーマ，目的を決める → ②研究の計画書（予定）を作成する → ③テーマと目的にそって，関連する情報を収集し，整理する → ④目的にそって，論文を書く

- 何について研究するのかを決める
- 目的をしぼる

- 何をするか
- いつまでにするか
- 論文の構成

- 実習記録の整理，文献検索など

- 下書き
- 清書し，見直す
- まとめと発表の準備

図 6-2　事例研究のプロセス

下記は，学生が行った事例研究の表題（タイトル）と，研究テーマ，研究目的の例です。

> ●**視覚障害者が特別養護老人ホームでその人らしく生活するための課題**
>
> 　　テーマ：全盲の人への生活支援
>
> 　　目　的：全盲者が施設でその人らしく過ごし，生活の質を高めるために必要なことは何かを考察する。

●食事の支援からQOLの向上を目指す

　－生活課題の原因を理解し支援を実践する－

　　テーマ：実習中に最も効果が得られた支援方法

　　目　的：生活課題が生じている原因を再整理し，改善策を考察する。

●食事に対する集中力向上のための取り組み

　－周囲の環境整備と滑り止めシートの活用－

　　テーマ：介護計画は利用者の生活の質向上に役立つものであったか

　　目　的：食事時における集中力と麻痺による食べづらさの要因を分析し，改善策
　　　　　を明らかにする。

　介護過程を事例研究としてまとめる場合は，介護過程の実際を記述し，全体的に評価・考察することを目的とする場合が多いと思います。そのような場合は研究目的を設定しないことがあります。しかしその場合でも，自分の中で研究目的を設定しておくと，評価・考察の焦点を明確化することにつながります。

　研究目的を設定・決定する段階で大切な点は，①自分の問題意識・興味・関心に基づいて目的を設定する，②目的をしぼることです。自分で興味をもっている内容であっても，はたして研究として行える（まとめられる）可能性があるのかを考えることも必要です。扱うテーマの範囲が広すぎたり自分の力量を超えていると，具体的なことが書けない，考察が文献のつまみ食いばかりになってしまう，期限内に書き終わらないなどの問題が予想されます。

　研究目的がみつからない場合には，利用者への支援内容・方法や，介護過程に対する自分の取り組みなど，大まかなところから整理し，次第に目的をしぼり込みましょう。次のような取り組みを行うことは，研究目的を設定する助けになります。

・実習の振り返りを行い，かかわりから得られたことや，介護過程展開を通して考えたことなどをメモする。

・介護過程展開を通して興味をもったこと，困ったことや失敗したこと，よい結果が得られたこと，気がかりなことや疑問，現在の状況と理想的な状況とのギャップなどをメモする。

・文献・資料を読み，自己の問題意識・興味・関心と関連する内容をメモする。仮に設定したテーマや目的を発表し，他者の意見を聞く。

4 文献の活用

「文献」とは，研究をするうえで参考になる文書・資料のことで，論文，書籍，新聞記事，電子メディア情報などさまざまなものがあります。「先行研究」とは，自分の研究よりも先に発表された研究のことです。

文献は研究の最初の段階である研究テーマの決定から，考察や結論に至るまで，あらゆる段階で活用します。複数の文献を活用します。図6-3に，研究の段階にそって，文献を活用する目的を示しました。

■ 1) 文献の種類と入手方法

必要な文献を探すためには，①教科書を読みなおす，②図書館で探す，③インターネット検索をするなどの方法があります。現代の動向を調べるときはできるだけ最新の資料を探します。また，インターネットで情報を集めるのは便利ですが，個人やよくわからないグループ・団体の情報を引用，参考にしないようにします。インターネットは便利な情報収集の道具ですが，情報を取捨選択できるためには知識が必要です。

論文情報のインターネット検索サービスとして，「CiNii（サイニー）」や「医学中央雑誌（医中誌）」などがあります。

研究の段階	文献を活用する目的
研究のテーマや目的の検討	介護過程を展開して気になったこと，深めたいこと，関心のあるテーマなどをキーワードに（キーワードを組み合わせて），あれこれと文献検索を行い，テーマを検討する。
研究のテーマや目的に関する先行研究を知る	・研究テーマや研究目的を決定したら，それに関連する先行研究を調べる（研究テーマと関連してすでにわかっていること，まだわかっていないことなどを知る）。 ・研究テーマに関連する文献や教科書などを読み，研究目的や方法を明確にする。
研究の実施	・自分の考えを整理したり，研究の方向性を検討するために文献を活用する。 ・書き方やまとめ方の参考になる文献があれば活用する。
考　察	・自分の考えや意見を整理したり，研究結果を多角的に検討するために活用する。 ・研究結果を文献の内容と比較して考察を行う。 ・根拠をもって述べるために文献を活用する。

図6-3　文献を活用する目的

■2）参考文献・資料リストの作成

　収集した文献・資料は，コピーしてファイルしたりノートをとるなどして整理し，ひとつにまとめておきます。

　整理する際は，引用・参考文献の表記ルールに基づき，著者名・出版年・書名（論文名）・出版元・ページなどを記しておきます。インターネットのWebサイトは，運営サイト名，URL，情報取得日を記しておきます。これらを行っていれば，指導を受ける際や，論文執筆の際に有効に活用できます。論文の末尾には使用した文献一覧を書きます。その際，使用した文献のページや著者名がわからないなどと，あわてずにすみます。

5　書き方のルール

■1）書式，文字数，見出しの番号

　原稿の書式や文字数は，指定されたルールを守ります。

　見出しの番号の付け方はさまざまですが，全体を通して統一することが重要です。執筆要領がある場合はそれに従います。

〔見出しの番号の例〕

　Ⅰ，Ⅱ，Ⅲ　→　1，2，3　→　1），2），3）

　　　　　　　　　　　　→　(1)，(2)，(3)　→　①，②，③

　＊→この順番で小さい見出しにするなど，ルールを決めておく。

■2）文章は表記方法を統一する

　文章は表記方法を統一して書きます。例えば，次の通りです。

① 　文章は，「である・だ」等で終わる「常体」で統一する。

② 　句読点は「、。」，または「，。」「，．」のどれかで統一する。

③ 　数字は算用数字（0 1 2 3……10）を使用。（1字は全角，2字以上は半角。）

④ 　西暦表記を原則とする。（例：1958年，1958（昭和33）年）

⑤ 　利用者の発言は「　」書きする。

⑥ 　図および表はタイトル，通し番号をつける。図の場合は下部に，表の場合は上部につける（図表として一括して扱い，上部につける場合もある）。

⑦ 　接続詞は，文や文節をつないで関係をはっきりさせる語である。基本的には「ひらがな」を用いる。表6-1に接続詞の例を示した。

表 6-1　接続詞の使い方（例）

役割		例			
内容を順序だてる		まず 続けて	はじめに 最後に	次に	その後
順接	・理由と結果を示す ・前文の結果から，後の文を述べる	〜ため よって このため	〜により ゆえに こうして	〜ので だから このことから	したがって そのため その結果
逆説	・前文と反対の内容を，後の文で述べる ・前文と異なる内容を述べる	しかし ところで ちなみに 一方	〜が しかしながら ただし 他方	だが さて むしろ 反対に	ところが とはいえ 〜にせよ これに反して
話題を転換，展開させる		それでは ここで	すると 次に	この場合	では
内容を追加，列挙する		そして 加えて および	また そのうえ ならびに	それに かつ	さらに しかも
説明，言い換え，例を示す		つまり	例えば	具体的には	詳しくは
解説する		なぜなら 要するに	すなわち 言い換えれば	つまり	このことは
まとめる		結果 以上のように したがって	結論として 述べたように	要するに いずれにしても	このように まとめると

■ 3) わかりやすい文章表現

わかりやすい文章表現を心がけ，一文が長くならないようにします。主語・述語に矛盾がないように書くために，「一文は，一主語一述語」とします。事実と自分の判断・感想などを区別して書きます。5W1H（p.79 参照）を意識して書きます。

■ 4) 「主張」を支えるのは「根拠」，そして客観的に書く

論文とは，ある事実・問題に対する自分の「主張」（意見・判断・考えなど）が適切であることを示すために「根拠」をあげて論じた文章です。「根拠」とは，主張を論理的に裏付ける事実や，知識・理論などです。「根拠」を述べることで，自分の思い込みだけで記述していないことを示すことができます。主張の適切さを支えるのが「根拠」です。

「根拠」を示すには，それはどうしてか，なぜそう思うか，その理由は何か，事実は何か，と考えることが大切です。そうすることで，主張を論理的に裏付けられる事実や具体例に気づき，文献や調査資料などの論証材料を活用することができます。論文を書く場合は，客観的な視点をもつことが求められます。客観的な視点をもつためには，次のような点が参考になります。

> ・「根拠」は何かを意識することで，客観的な視点をもつことができる。
> ・「自分の問題意識」，「事実」，「結果」，「結論」は何か。これらを念頭におき，今は「何を書こうとしているのか」，「何を書くべきか」を意識しながら書く。そのためには，目次（内容の見出し書き）を作成し，「何を・どこで・どのように」書くかを視覚化しておくとよい。
> ・読み手がわかりやすい順番で書く。

■ 5）「行為の主体はだれか」を意識して書く

　論文を書く場合は，「客観的に書く」「事実を書く」必要があります。敬語は相手に対して敬意を表すために用いる言葉ですが，敬語は客観性と事実をあいまいにする可能性があります。論文では使用しない方が望ましいと言えます。しかし，会話の事実として敬語を使用するのは問題ありません。

　例えば，「食べていただく」は，書き手が自分をへりくだった（低くした）謙譲語です。「食べる介助をする」という自分の動作が基本となるため，自分中心の表現です。これを，事実を書く観点から書き換えると，「食事介助を行った」となります。また，「食事を召し上がった」は，書き手が相手の動作・結果を高めるような尊敬語です。相手側に属することは，相手を主体とした表現にするとよいので，「（利用者は）食事を終了した」「（利用者は）食事を全量摂取できた」など，利用者を主語にして記録すると，事実を客観的に記録できます。

　「～（て）もらう」「～（て）あげる」は，自分を主体にした表現です。これらは使用しないようにします。「～（て）もらう」の表現で，例えば，「食べてもらう」は，「食べる介助をする」という自分の動作を基本とした表現です。自分を主体にした表現であるため，自分の動作・行為に対する利益（食べてもらってよかった）や，動作・行為を相手に促す・要求する・強制する（食べてもらうよう強制した）など，複数の意味での解釈が生まれてしまいます。「食事介助を行った」と事実を書けば，誤解は生じません。

　「～（て）あげる」も自分を主体にした表現です。「掃除をしてあげた」と書くと，掃除という行為をする人（与え手）が，掃除の受け手に恩を売っているような意味にもとれます。また，掃除をする行為者が上位で，行為の受益者（恩恵を受ける人）が下位などの上下関係が，言葉に表れる場合があります。自分の利益や上下関係を示したいのでなければ，使用しない方がよいと思われます。

■ 6) 本文中での文献の用い方

（1） 引　　　用

　文献の中にある文章や語句，資料をそのまま論文に使用することを「引用」と言います。そして，引用した文章の載っている文献を「引用文献」と言います。他人が書いた文章を自分が書いたように書くことや，他人の文章と自分の文章との区別がつかない書き方はルール違反です。これらは，無断引用，剽窃（文章や考えを盗み，自分のものとすること）とみなされることがあります。

　また，Aの文献にある文章がBの文献で引用されており，Bの文献で引用された文章を自分が引用することを「孫引き」と言います。元の文献であるAを読んでいない場合は，元の文献の主旨や引用箇所前後がどのような文脈で書かれているかが不明です。よって，元の文献が確認できない場合は，事実かどうかの問題もあるので，孫引きはさけます。

（2） 引用文献の明記

　引用を行った際は，引用文献の著者・出版年次・タイトル・引用ページなどを明記しなければなりません。引用の分量に明確なルールはありませんが，引用文が全体の2割を超えないのが望ましいと言えます。

　引用の表記方法は複数あります。基本的には，引用部分の表現を変えない（一字一句変えずに記述する），短い文章の場合は引用部分を「　」内に書いて示す，引用文献がわかるように表記することです。

　引用文献を用いるときの記述例を示します。「　」内が引用箇所です。

---

① 　歩行時の危険性は「………」と指摘されている [1]。

② 　歩行時の危険性は「………」と指摘されている（佐藤，2020）。

---

① 　本文中の引用箇所に肩番号（引用箇所の右肩か右下につける小さい数字）をつける方法です。番号は引用した順に通し番号をつけます（本書は，この番号方式を用いています）。

② 　著者，出版年次の情報を（　）内に記す方法です。

③ 　①と②は，引用の書き方と文献の書き方が異なります。①であれば，引用方法も文献リストの作成方法も①の書き方で統一します。

（3） 参考文献

　論文にまとめるうえで参考にした文献を「参考文献」と言います。引用文献と違い，そのまま書き写したりすることはなくても，参考にしていることがわかるような書き方をする必要があります。

6　論文の基本構成

　論文の構成には，いろいろなスタイルがあります。限定はできませんが，基本構成は，①表題，②要旨，③本文，④引用・参考文献です。通常，学生が行う事例研究は，②要旨を省くことがあります。

　「本文」の構成要素は，序論・本論・結論です。

・「序論（はじめに）」では，問題意識，研究の動機や研究の目的を述べる。
・「本論」は研究の中心部分。事例の紹介や，研究結果や考察を述べる。
・「結論（おわりに）」は，研究のまとめ。

　以上の構成からみると，序論（はじめに）と，結論（おわりに）を読めば，研究の概要がわかることになります。論文構成のスタイルは，研究目的や研究内容などの違いによりさまざまです。ただし，研究とは考察に至るまでのプロセスを他者に提示することです。そのため，論文の基本構成を踏まえたうえで，全体構成を考える必要があります。執筆構成の例を，図6-4に示します。

7　論文を書く

　全体構成ができない，何を書いてよいかわからない，書くのが難しいなどは，だれもが感じることです。本文は，必ずしも最初から書く必要はありま

1）表題（タイトル）			
2）要　旨	A	B	C
序　論	(1) はじめに	(1) 目　的	(1) 序　論
本　論	(2) 研究目的・方法 (3) 事例の紹介 (4) 介護過程の実際 (5) 考　察	(2) 事例を選んだ理由 (3) 倫理的配慮 (4) 事例の紹介 (5) 結　果 (6) 考　察	(2) 研究目的・方法 (3) 倫理的配慮 (4) 用語の定義 (5) 事例の紹介 (6) 結　果 (7) 考　察
結　論	(6) 結　論 (7) おわりに	(7) おわりに	(8) 結　論
	(8) 謝　辞		
4）文　献	引用・参考文献	引用・参考文献	引用・参考文献

*論文の基本構成を踏まえていて第三者にわかる内容であれば，これ以外の書き方でもよい。
*資料がある場合は最後につける。

図6-4　執筆構成（例）

せん。頭を整理するために,「事例の紹介」など書きやすい箇所から書くのもひとつの方法です。書けないと悩むよりは,書ける部分からとにかく書いてみることや,書きながら考える姿勢も大切です。

以下では,図6-4に示した［A］を例に,事例研究のまとめ方について説明します。［A］は,「研究目的・方法」「結論」の項目を設定しないことがあります。

■ 1) 表題（タイトル）

研究内容がわかるように簡潔に表現します。最初は仮の表題にしておき,執筆が終了した後に,研究内容を反映して再検討してもかまいません。表題のつけ方のポイントは,以下の通りです。

> ・どのような事例研究か,目的や考察などの内容がわかる。
> ・簡潔に表現し,強調したい点がわかる。
> ・長くなる場合は,主題の後に副題（サブタイトル）をつける。
> 　副題は,内容を明確化する場合にも有効である。

■ 2) 要　　旨

要旨とは,論文全体の概要をまとめたものです。まとめですので,書かなくてよい場合があります。

研究目的（何を明らかにしようとするのか）,研究方法（どのように研究を行ったか）,結果（どうなったか）,結論（研究目的に対する回答）を簡潔に書き,論文で伝えたいことをまとめます。

■ 3) 本　　文

(1) はじめに

「はじめに」を読めば,どのようなテーマで書かれているかがわかる内容とします。論文の最初である「はじめに」と,最後である「おわりに」（または「結論」）は,対をなします。つまり,「はじめに」を問いの設定とすれば,「おわりに」（または「結論」）は,その答です。

下記に例を示しますが,例で示した全てを書かなければならないのではなく,事例研究で何を論じているかの目的と概要が読み手にわかることが大切です。

> ①　なぜこの研究に取り組むのか,なぜこのテーマに関心があるのかなど,研究の動機を書く。

> ② 研究の背景，問題意識，研究の意義などを書く。
> ③ 実習での介護過程展開を事例にする場合は，利用者を選んだ理由や，取り組んだ経過の一部を記述して，研究の位置付けを行うのもよい。
> ④ 先行研究を紹介し，本研究の位置付けを述べてもよい。
> ＊「研究目的・方法」の項目を設定しない場合について
> ・「はじめに」で研究の目的や意義，介護過程展開の期間（実習期間等）を述べるとよい。
> ・倫理的配慮について，「個人が特定されないように配慮した」と記載するとよい。

(2) 研究目的・方法

研究目的や介護過程展開の期間を「はじめに」で書いていれば，研究目的・方法の項目を設定して記述しなくてもよいです。

研究目的とは，研究を行う「目的」です。研究は目的にそって行います。

研究方法とは，研究の「目的」を達成するための「方法」です。「方法」を書く場合の留意点は，次の通りです。

> ・事例研究の場合は，事例研究自体が研究の方法と考えられるので，必ず書く必要はない。
> ・方法を書く場合は，施設種別，実習期間や研究期間，分析材料（記録類，かかわりの経過など）や分析方法を示すとよい。
> ・研究対象者（協力者）に対する倫理的配慮の方法を書く。

(3) 事例の紹介

事例研究のテーマにしぼって，必要な情報のみを簡潔に記します。展開した介護過程全体をまとめるような事例研究であれば，その目的からみて必要な情報を記します。

情報は，個人や場所が特定されないように配慮して書きます。

> ・年齢が82歳であれば，「80歳代」「80歳代前半」と書く。
> ・実名のイニシャルを使用しない。名前が佐藤さんでも田中さんでも，Aさん（A氏），Bさん（B氏）と書く。

(4) 介護過程の実際
① アセスメント

介護過程の展開を素材にした事例研究は，あるテーマや研究目的を設定して，研究を行います。そのため，次に留意して記述します。

- テーマや研究目的にそった内容にしぼって記述する（介護過程全般に
  目的がある場合は，アセスメントの全体を記述する）。
- 収集した情報の分析・解釈の結果や，生活課題，生活課題に対する支
  援の方向性などを簡潔にまとめる。
- 情報をどのように解釈し，どのような判断をしたのか。情報を書き，
  それに対する分析を記載することが重要である。
- 何が「生活課題」として抽出されたかを明確に書く。

② 介護計画

「長期目標」「短期目標」「具体的計画」を簡潔に書きます。短期目標が複数ある場合は，短期目標ごとに具体的計画を書きます。

文章で書くと長くなる場合は，表の中に整理すると見やすいです。

③ 実施と結果

「具体的計画」に対して，どのように実施したのか，実施した結果どのような成果や変化があったのか（なかったのか）について，その経過や内容を書きます。下記に留意して記述します。

- テーマや研究目的にしぼって書く。
- 「だれが」「いつ」「どこで」「何を」「なぜ」「どのように」実施したか
  の事実と，その結果を具体的に書く。
- 利用者の反応も含めて書く。
- 時間経過を示すときは，表にすると見やすい。
- 逐語録（あるいは再構成，プロセスレコード）や，エコマップなどを
  用いて書いてもよい。
- テーマや研究目的によっては，さまざまな事実を結果として整理する
  ことが可能。例えば，次のような項目を設定して「結果」をまとめて
  もよい。
  - 活動時間と活動内容　　　・水分摂取状況と排泄のデータ
  - 言葉がけの内容と利用者の応答　・外出の範囲と頻度
  - アクティビティの実際　　・レクリエーションの内容
  - 内容を整理し，表の中に記載してもよい。

(5) 考　察

「研究目的」にそって「考察」を書きます。つまり，考察とは，「研究目的」と「結果」を関連づけて検討する部分です。考察の留意点は次の通りです。

① 結果を分析し，結果から明らかになったこと，結果から考えられること，結果の信頼性や適切さ，結果の意義をまとめる。

② 結果がよい場合も，成果が得られず予想と違った場合も，結果に至った要因を明らかにする。

③ 考察を進めながら自分の主張や見解を展開していく。
・自分自身の考えだけで考察を展開しない。
・なぜそう思うのかについて，データや事実，文献や資料など，考察の根拠となるものを示しながら論を展開する。

④ 研究成果が新しい知見を含む場合は，その点を明記する。

⑤ 何について考察しているかわかるように「見出し」をつけたり，わかりやすく書く。

（6）結　　論

「結論」は，研究テーマや研究目的に対する回答を示すことです。研究目的との整合性を図りながら，「考察」から得られたことをまとめます。「結果」や「考察」と似た内容になっても，書く目的が違います。研究を通して明らかになったことや，主張したいことなどを簡潔に述べます。

（7）お わ り に

「はじめに」に対応する部分です。「結論」の項目立てをしない場合は，「結論」で書くべき内容を含めて書きます。

「結論」の次に「おわりに」を書く場合は，事例研究全体を通して考えたことや，深めていきたい点などを示し，結びの言葉とします。研究の最後に，「今後の課題」を示すことも大切です。

（8）謝　　辞

「謝辞」を書く場合は，本文とは違う箇所であることを示すため，1行空けて書きます。事例となった利用者に対する感謝の気持ちや，実習指導や論文指導を受けたことに対する感謝の気持ちを表現します。常体ではなく，「敬体」で書きます。

■4）文　　献

引用文献や参考文献を文献リストとして記載します。文献の書き方はいくつかありますが，ここでは日本介護福祉学会の方法を紹介します。

表 6-2　日本介護福祉学会の文献記載例

1) 黒澤貞夫（2010）『人間科学的生活支援論』ミネルヴァ書房，157-159.
2) 鈴木聖子（2007）「第5章-3 アセスメント」黒澤貞夫・小櫃芳江・鈴木聖子・他『ICF
   をとり入れた介護過程の展開』建帛社，70-87.
3) 谷口敏代・時實亮・合田衣里・他（2016）「介護老人福祉施設における組織の公正
   性と介護福祉士の相談対応力がワーク・エンゲイジメントに及ぼす影響」『介護福
   祉学』23（1），10-19.
4) 厚生労働省（2015）「介護人材の確保について」
   https://www.mhlw.go.jp/file/05-Shingikai-12201000-Shakaiengokyokushougaih
   okenfukushibu-Kikakuka/0000047617.pdf（2020.4.1）
5) 前掲書1），140-142.

　日本介護福祉学会は，引用（参考）順に通し番号をつける番号方式を用い
ています。本文では引用した部分を「　」で示し，肩番号をつけていますの
で，肩番号の順に文献を並べて，文献リストを作成します。

　文献リストを作成する留意点は下記の通りです。

・肩番号の順に文献を並べる。
・一定のルールを守って記述する。ルールに従い，引用したページを表
　記する。
・参考文献は，特定のページを参考にした場合はそのページを表記する。
　全体を利用した場合はページの総数（初頁－終頁）を表記する。
・電子メディア情報は，URL とアクセス年月日を記載する。
・一度使用した文献で，引用したページが違う場合は，「前掲書」とし，
　引用ページを明記する。

8　データの保存

　ワード（Word）などの文章作成ソフトを使用する場合は，データの保存
に注意します。入力中は適宜，「名前を付けて保存」や「上書き保存」をし
ます。

　USB メモリは，紛失や汚染・破損などがないように注意します。パソコ
ン本体のトラブルや何らかの理由でデータが消失してしまう可能性があるこ
とを踏まえ，パソコン本体と USB メモリの2つの媒体に保存するなどして，
リスク管理を行います。

　項目ごとにファイル作成をして執筆する場合がありますが，最後はひとつ
のファイルにして研究論文としての書式を整えます。

2. 介護過程に活用できる理論・モデル

1 理論とは

　理論とは，いくつかの概念を用いてある現象（状態や出来事）を体系的に表したものです。概念は，ある現象（状態や出来事）の本質をとらえる考えをより簡潔に表現したものです。理論よりも幅広い概念を含む表現を「（概念）モデル」と呼んで，理論と区別することもあります。しかし，区別の基準は明確ではないため，ここでは厳密に分けずにみていきます。

　介護福祉の隣接領域である，心理学，社会学，看護学，社会福祉学などの領域において，これまでに多くの理論が作られてきました。これらの理論は，支援の対象者（以下，利用者とします）を理解するときや，利用者との相互関係を考えるときの指標となります。また，利用者から情報収集する際の留意点を示しています。さらに，支援の方向性や内容を検討するときの根拠となります。

　本章では，介護過程に活用できる主な理論・モデルを紹介します。

2 介護過程に活用できる主な理論・モデル

■1）欲求をもち対処する自己

（1）欲求階層説

　人の内部にあって，人の行動を引き起こすものを欲求（ニード）と言います。米国の心理学者マズロー（Maslow, A.H.）は，人の欲求を5つに分類し，さらにそれを階層化する説を提唱しました[3]。最も基底にある欲求は生理的欲求であり，次に安全欲求，そして所属・愛情欲求，続いて承認欲求，最も高次の欲求は自己実現欲求という階層です。それぞれの欲求の内容を具体的に表すと，図6-5のようになります。

　生理的欲求，安全欲求，所属・愛情欲求，承認欲求は，欠乏欲求と呼ばれ，充足の度合いが少ないほど強くなり，満たされると欲求は減少します。欠乏欲求が満たされると，成長欲求と呼ばれる自己実現欲求が現れてきます。

　一般に，低次の欲求が満たされると，高次の欲求に移行します。しかし，例外もあります。例えば，長期にわたる空腹を経験したことがない人は，生理的欲求である食べ物を重視せず，自己実現欲求が何より重要ととらえることがあります。反対に，低い生活水準で暮らし続けてきた人は，食べ物があ

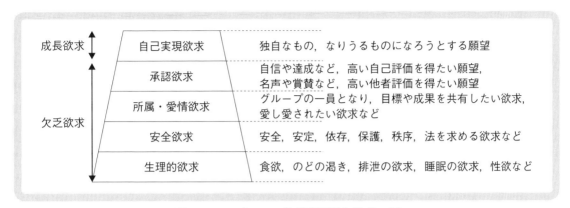

図6-5　マズローの欲求階層説と欲求の例

れば生涯満足していられるといったこともあるとマズローは述べています。

　欲求階層説は，生活課題の優先順位を考えるときのひとつの指標になります。低次の欲求が満たされていなければ，その充足を優先するように，生活課題を考えていくことができます。ただし，個別性に留意することも重要です。

(2) セルフケア理論

　セルフケア（self-care）は，米国の看護理論家オレム（Orem, D.E.）が定義した概念です[4]。ICFの「活動・参加」の領域にもセルフケアの項目があり，介護福祉士もセルフケア理論への理解を深めることは有益です。

　オレムは，人を以下のように定義しています。

・人は社会集団の中で生活し，生涯を通じて成長・発達していく。

・成熟した人は，生命や健康，幸福を維持していくうえで環境から受ける刺激に対して意図的に行動する力をもっている。

　これを踏まえて，セルフケアは，人びとが自分自身の生命と健康，持続的な成長，および幸福を維持するために行う活動の実践を指します。

　セルフケアにはいくつかの種類があり，セルフケア要件として整理されています。セルフケア要件は3つあります（表6-3）。①普遍的セルフケア要件は，年齢や性別に関係なく，生きていくために必要なことがらです。その内容は，マズローの欲求と共通するものがあります。②発達的セルフケア要件は，発達を阻害する条件を予防し，それらの影響を軽減するためのことがらです。③健康逸脱に対するセルフケア要件とは，病気やけが，障害をもち，医学的ケアを受ける人に必要となることがらです。

　看護が必要になるのは，人がセルフケア不足の状態にあるときです。セルフケアの状態によって看護行為は変わり，3つのパターンがあります（表6-4）。第1の全代償的システムは，患者がほとんどセルフケアできない場合で，

表6-3　3つのセルフケア要件

①	普遍的 セルフケア要件	(1) 十分な空気，水分，食物摂取の維持 (2) 排泄過程と排泄物に関連するケアの実施 (3) 活動と休息のバランスの維持 (4) 孤独と社会的相互作用のバランスの維持 (5) 生命，機能，安寧に対する危険の予防 (6) 正常性の促進（自己概念の維持，人間としての発達など）
②	発達的 セルフケア要件	(1) 特定の発達段階（たとえば，乳幼時期，妊娠期など）にある人が発達を促進していくこと (2) 発達上，有害な影響（たとえば，教育が得られない，親族の喪失，苦しい生活状態など）の発生を予防し，影響をやわらげ，克服すること
③	健康逸脱に対する セルフケア要件	(1) 必要なときに適切な医学的ケアを求め，確保すること (2) 病気などのもたらす影響と結果を知り，注意を払うこと (3) 病気の治療やリハビリテーションが効果的に実施されること (4) 治療に伴う副作用や不快な影響を知り，注意を払うこと (5) 自分の健康状態やヘルスケアを受け入れ，自己概念を修正すること (6) 病気をもち治療を受けながらも，発達を促すライフスタイルで生活すること

表6-4　基本的看護システム

看護システム	看護師の行為	患者の行為
全代償的システム	・患者がセルフケアできないことを全面的に代わりに行う	・援助を受け入れる
部分的代償システム	・患者のセルフケアを部分的に代わりに行う	・可能なセルフケアを行う ・部分的に援助を受け入れる
支持・教育的システム	・患者がセルフケア能力を高められるように支持・教育する	・セルフケアを達成する ・セルフケア能力を高める

　看護師が代わってセルフケアを行います。第2の部分代償的システムは，患者が部分的にセルフケアできる場合で，看護師は部分的にセルフケアを補います。第3の支持・教育的システムは，患者がセルフケアできる場合で，看護師が患者のセルフケアをよりよくしようと支持・教育します。

　食事や排泄その他，日常生活に関するセルフケアは，介護福祉士の支援にも関係します。人にはセルフケアをする能力があるということを前提にして，介護福祉士も，利用者のセルフケアの状況を判断し，見極めて補い，さらに，よいセルフケアができるように支援することが求められます。

（3）ストレスコーピング理論

　ストレスコーピング理論は，ストレスに対して人が適応していく過程を示しています。ストレスとは，精神的・身体的な安定をおびやかすような事態をまとめた呼び名です。ストレスは，いやな出来事を指すストレッサーと，

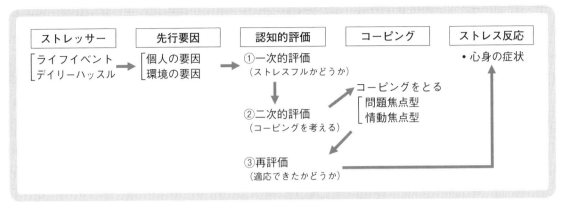

図 6-6　ストレスの生じる過程

それに対する反応・抵抗であるストレス反応によって成り立ちます。

　ストレッサーは，2つに分けられます。1つ目は，「人生における重大な出来事（ライフイベント）」です。これは，起こる頻度は低いが重大な意味をもつ出来事です。例えば，家族の死，離婚，本人の重病，失業などがあげられます。2つ目は，「日常的に起こるいらだち事（デイリーハッスル）」です。これは，日常でよく起きることがらのことです。例えば，家族や友人とうまくやっていけないこと，仕事・家事・勉強などすべきことにおもしろさを感じられないこと，時間やお金が足りないこと，差別を感じること，自分や家族の健康上の心配などがあげられます。ライフイベントだけでなくデイリーハッスルも，心身の健康に悪影響を及ぼします。

　ストレスの生じる過程を示した学説の中でよく知られているのが，生理学者セリエ（Selye, H.）と心理学者のラザルス（Razarus, R.S.）の説です。

　セリエは，人がストレッサーを受けたときに，同じような心身の反応が起こることに注目し，ストレス反応の過程を3つに整理しました[5]。

① 　ストレッサーが生じると，一時的に抵抗力が低下する警告期。
② 　積極的に抵抗する抵抗期。血圧の上昇，胃酸の分泌の増加，血糖値の上昇などの生理的な反応が起こる。
③ 　ストレッサーが長期に続くと，限界に達し，抵抗は弱まる疲憊期（ひはいき）。その結果，うつ病，心疾患，脳卒中，糖尿病など病気のリスクが増大する。

　しかし，同じようなストレッサーを受けても，人により反応が異なることがあります。それは，ストレッサーに対する受け止め方が個々に違うためです。ラザルスらは，ストレッサーに対する個人の認知に着目しました[6]。

　ストレッサーに対する認知的評価は3段階に分けられます（図6-6）。

①　第1段階（一次的評価）では，ストレッサーが精神的・身体的な安定をおびやかすもの（ストレスフル）かどうかが評価されます。ここでストレスフルではないと判断すればストレス反応はなくなります。

②　第2段階（二次的評価）では，ストレッサーをストレスフルと評価した場合，対処法（コーピング）を考えることになります。コーピングは2種類あり，第1は**問題焦点型コーピング**で，ストレッサーを分析する，解決策を考えて実行するなど，ストレッサーに直接はたらきかけるものです。第2は**情動焦点型コーピング**で，恐怖や不安などの情動をコントロールするものであり，ストレッサーを考えない，気分転換を図るなどです。状況に応じて両方のコーピングをとることが重要です。

③　第3段階（再評価）では，ストレスフルな状況に適応できたのかを評価します。ストレスフルな状況が続けば繰り返しコーピングをとることになります。その期間が長期にわたる場合，心身の健康に影響を及ぼしてきます。

なお，認知的評価に影響を与える先行要因として，個人的要因（価値観，信念），環境的要因（出来事の新しさやあいまいさ，人生における出来事のタイミングなど）があります。つまり，同じ人であっても，タイミングによってはストレッサーへの認知的評価は異なる場合があるということです。

認知症高齢者のストレス反応は，まだ十分にわかっていません。軽度の認知障害のある高齢者では，デイリーハッスルがあると，悲しみやいら立ちなどの否定的な感情が生じやすいと言われています[7]。この理由は，記憶障害によりストレッサーへの対処法が少なくなるためだと推測されています。日常的に起こるいらだち事にうまく対処できず，イライラしたり怒ったりするなどしている可能性があるということです。

ストレスコーピング理論は，ストレスフルな状況に置かれた人が，認知的評価とコーピングを行い適応していく過程の枠組みを示しています。利用者がどのようなことに困り，どう受け止め，どう対処していこうとしているのかに目を向けることで，支援を検討することができます。

■2）社会関係と高齢期の社会的適応

（1）社会関係をみる見方

人と人との関係をみる見方はいくつかあり，研究も数多くありますが，ここでは，ソーシャルネットワークとソーシャルサポートを紹介します。

ソーシャルネットワークは，個人がもつ人間関係の構造（つくり）を表します。具体的には，ネットワークの大きさ（つきあいのある人の人数），接触の頻度（電話・Eメールや直接会う回数），どういう相手か（家族，親族，友人，近隣の人，所属するグループのメンバーなど）などで評価します。ソー

シャルネットワークは精神的な健康と関連しているとされています。その理由は，次に述べるソーシャルサポートが得られるためと，ネットワークに所属していることやそこで役割を果たすことが，安心感や目的意識をもたらし，人生に対する価値を高められるためなどと考えられています[8]。

ソーシャルサポートは，人間関係の機能（はたらき）を表します。その種類は，以下の4つに分類されることが多いです。

①　情緒的サポート：共感，愛情，困ったときに話を聞いてくれるなど
②　評価的サポート：意思決定を助ける，高く評価してくれるなど
③　道具的サポート：物や金銭を貸してくれる，ケアしてくれるなど
④　情報的サポート：必要な情報をくれるなど

ソーシャルサポートは受けることだけでなく与えることにも意味があり，両方があることが精神的な健康や幸福感に結びつきます。また，ポジティブなサポートだけではなく，批判や過剰なサポートなどのネガティブなサポートもあります。実際に，ソーシャルサポートは病気の予防や病気からの回復に役立つと言われています。一方で，高齢者が病気に対処しようとしたときに，家族や友人からのサポートがその高齢者の依存性を強めたり，身体機能を低下させてしまったりすることもあります。

ソーシャルサポートの重要なはたらきとして，ストレッサーの影響をやわらげる効果があげられます。この効果は2種類あり，ストレッサーを軽減させるサポートが実際に得られる効果（直接的効果）と，困ったときにはサポートを受けられるという期待（利用可能性）が，ストレッサーへの認知を変えたり適切な対処法をとれるようになる効果（間接的効果）があります。

社会関係は生きていくうえで欠かせないものです。利用者のソーシャルネットワークを理解し，ソーシャルサポートの状況を踏まえて，支援を検討していくことができます。ソーシャルサポートは授受（やりとり）のバランスに価値が置かれがちであるため，利用者が支援を受けるばかりであると苦痛を感じていることもあるかもしれません。サポートのやりとりは人生の中で行われるものであり，利用者はそれまでにサポートを与えてきた人であるという見方や，生きること自体がだれかに意味をもたらしサポートしているということを忘れたくないものです。

(2) 高齢期の社会的適応に関する理論

世界的に高齢化が進展する中，米国を中心とした心理学や社会学の領域において，幸福な老いをめぐる理論が展開されています。

1960年頃，**離脱理論**（disengagement theory）が発表されました[9]。これは，社会を効率的に維持するため，社会が高齢者に仕事などの社会的活動

からの引退を要請し，高齢者もそれに応えて引退することが幸福であるとする理論です。一方で，**活動理論**（activity theory）は，高齢期になっても壮年期までの社会的活動の水準を維持することが，高齢者の幸せであると主張しました[10]。

　しかし，現実は，この対極する理論を単独で説明するのは困難です。そこで登場したのが**継続性理論**（continuity theory）です[11]。高齢期には心身機能の衰退や社会関係・役割の喪失を経験しますが，高齢者はそれに適応しようとしています。継続性理論は，健康状態や心身機能，社会関係など多様な面で変化が生じても，高齢者は活動や社会関係の特徴，また自己概念やアイデンティティ（自分らしさ）を継続させ，適応しているとする理論です。

　「継続」については，自分らしさが継続している「感覚（sense of continuity）」をもてることが大切です。病気になり，以前の活動が何もかもできなくなると，混乱・絶望してしまいます。しかし，自分らしいものを見つける努力・奮闘の末，以前とは別のものでも，自分らしさが続いていると感じることを見つけられると，希望や幸福を見出せると言われています。

　たとえば，病気で介護福祉士の仕事を失い，喪失感に襲われたとします。それでも，機能回復訓練をして，移動の支援を受けて，利用者を支えるボランティアになることを目標に選び，自分らしさの継続を感じるという例があげられます。おしゃべりや家事など身近な活動でも，継続は感じられます。

　高齢期の社会的適応には，人生において築かれてきた「自分らしさ」が関係します。病気や障害で喪失を経験しても自分らしさが感じられるように，「継続」をヒントにして支援を検討することは大切なことです。

■3）利用者理解を深める

（1）ストレングスモデル

　ストレングスモデル（strengths model）は，米国の社会福祉領域の研究者であるラップ（Rapp, C.A.）らが1980年代から推進してきたモデルです。重度の精神障害者にストレングスモデルを用いて支援した結果，病院からの退院や仕事に就くなどの成果を得られることが示されてきました[12]。それらの成果は，リカバリーと呼ばれています。

　ストレングスは，長所，強みと定義されています。人や環境には「ストレングス」と「欠陥・問題」との両方があります。従来の支援は，欠陥・問題という負の側面に注目し，それをなくしたり解決したりしようとしてきました。ストレングスモデルは，人や環境の正の側面に焦点を当て支援します。

　ストレングスは個人と環境に大別され，個人のストレングスは熱望（強い願望）・能力・自信，環境のストレングスは資源・社会関係・機会から成り

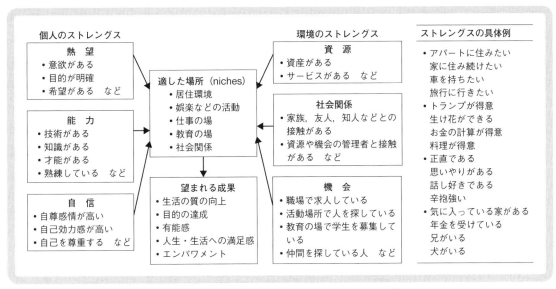

図6-7 ストレングスモデルとストレングスの例（文献 [12] を参考に作成）

ます（図6-7）。個人と環境のストレングスは，利用者を適した場所（niches）
に導き，望まれる成果へつなげます。図6-7の具体例のように，一見ささや
かなことでも，ストレングスになります。

　ストレングスモデルで重視していることのひとつは，地域で生活すること
です。利用者に対して協力的な地域住民など，地域の社会資源を役立てるこ
とを勧めています。アセスメントを行う場所についても，地域の実情を体感
するため，利用者が生活したい地域の場で行うことを提案しています。2つ
目の重点は，支援過程の監督者は利用者であることです。支援の目標や計画
には，利用者の願望を反映した，意欲の上がる，利用者自身の言葉を用いま
す。利用者が自分のストレングスを意識して，力をつけていくことを支えま
す。

　介護福祉の対象には，認知症や人生の最終段階にある人など，心身機能の
向上は難しい人が含まれます。ストレングスモデルに掲げられるような，退
院や病状の改善といったリカバリーは難しいかもしれません。しかし，生活
の質や満足感の向上に向けて，個人や環境のストレングスに着目したアセス
メントをすることは可能であり，有用です。

(2) ナラティブ・アプローチ

　ナラティブ（narrative）には，「語る」という行為と「語られたもの」と
いう行為の産物の両方の意味があります。ナラティブ・アプローチは，「ナ
ラティブ」という形式を手がかりにして，対象に働きかける実践をしたり，
研究したりすることを指します [13]。

　実践としては，米国の家族療法家であるホワイトとエプストン（White, D., Epson, D.）が提唱した**ナラティブ・セラピー**[14]が有名です。支援の対象者の①ドミナント・ストーリー（ある状況においてあたりまえの前提とされ，疑うことのできないもの）を解き，②オルタナティブ・ストーリー（代わりとなる案）を分厚くしていくという方法です。ナラティブによって問題を外在化（外に表す）させ，ひとつの経験に異なる意味づけをしていきます。

　北海道にある社会福祉法人「浦河べてるの家」の統合失調症患者への支援からうまれた「**当事者研究**」は，ナラティブ・アプローチの実践のひとつです[15]。患者が自分の症状を「幻聴さん」と名づけ，苦労の経験を語り，他の同病者やソーシャルワーカーと共有します。問題を自分から切り離して考える，つまり外在化することで，対処法が思い浮んだり，他者から助言をもらったりします。

　医療においても，**ナラティブ・ベイスド・メディスン**という，ナラティブ・アプローチが導入されています[16]。医療者が患者の病に関するナラティブを引き出して傾聴し，そのうえで医療者側のナラティブを示し，両者をすり合わせる中から，新たなナラティブを作り出し共有していくというものです。

　ナラティブ・アプローチでは，うまく語れないとみなされてきた人も対象となります。たとえば，認知症者が自らの経験を語ることが増えており，そのナラティブを聴き取り，支援に活かす取り組みが行われてきています。重度の認知症者のナラティブをまさに拾い集め，深い意味あるいはユーモアを受け止め，温かく支援することもできます。難治性の病によって言葉では語ることのない人の発汗・顔色・脈拍・血圧などの変化が，語りかけてくることもあります。利用者のナラティブを理解しようとする姿勢が，何より重要です。

　ナラティブ・アプローチの意義は，専門職がこれまで「聴こうとしてこなかった物語」が語られることにあります[13]。これによって，語り手の病や障害への受け止め方が変わり，生きづらさが軽減していきます。医療では，ナラティブ・アプローチを用いると，患者と医療者の信頼関係が築かれ，より効果的に医療を行うことができるとされています。支援者側にも，利用者のニーズの理解と共有，さらには支援内容の適切さへの確信を得るという意義があります。

　利用者には，言葉で表現することが難しい人が含まれ，さらに，利用者自身がオルタナティブ・ストーリーを認識するのは難しい場合もあると思います。しかし，たとえ断片的なナラティブであっても，それを手がかりとして利用者を理解し，支援を組み立てていくことができます。

(3) 生活の質

QOL は，「Quality of Life」の略であり，「生活の質」あるいは「生命，生活，人生の質」などと訳される概念です。

保健医療分野において，QOL の研究は，がんなどの病気に対する治療の効果を評価するために，欧米では 1960 年頃から，日本でも 1980 年頃から行われてきました。QOL は本人にしかわからない主観的なものですが，それを客観的に測るために多くの尺度が作られました。QOL のうちでも，医療などの介入によって改善が見込まれる部分，つまり病気の症状や日常生活動作（ADL）の改善を評価するものとして，健康関連 QOL があります。主な健康関連 QOL の尺度を紹介します（表 6-5）。

最も代表的な尺度が，**SF-36**（エス・エフ・サーティシックス）（Medical Outcome 36-Item Short Form）です[17]。36 項目の質問があり，身体的な健康の度合いと精神的な健康の度合いを測ります。多くの患者を対象に用いられています。

WHOQOL26 は，健康関連 QOL としても扱われますが，より一般の生活者を対象に，開発途上国でも適用できる，国際比較を念頭においた尺度として WHO によって開発されたたものです[18]。26 項目から構成され，ボディ・イメージや性的活動などを含んだ，幅広い項目が設定されていることが特徴

表 6-5 代表的な健康関連 QOL の尺度と領域・項目

尺　度	領域・項目
SF-36（36 項目）	• 身体的健康度（21 項目）： 　①身体機能　②日常生活役割機能（身体）　③体の痛み 　④活力 • 精神的健康度（14 項目）： 　①社会生活機能　②日常生活役割機能（精神）　③心の健康 • 全体的健康（1 項目）
WHOQOL26（26 項目）	• 身体的領域（7 項目）： 　①日常生活動作　②医薬品と医療への依存　③活力と疲労 　④移動能力　⑤痛みと不快　⑥睡眠と休養　⑦仕事の能力 • 心理的領域（6 項目）： 　①ボディ・イメージ　②否定的感情　③肯定的感情 　④自己評価　⑤精神性/宗教/信条 　⑥思考，学習，記憶，集中 • 社会的関係（3 項目）： 　①人間関係　②社会的支援　③性的活動 • 環境（8 項目）： 　①金銭関係　②自由，安全と治安　③健康と社会的ケア 　④居住環境　⑤新しい情報と技術の獲得機会 　⑥余暇活動の参加と機会　⑦生活圏の環境　⑧交通手段 • 全体的な生活の質，全体的な健康状態（2 項目）
SEIQoL-DW	• そのとき，自身が重要と考える 5 つの生活領域

表 6-6　SEIQoL-DW の例

番号	①キュー (大切な生活領域)	②重み (%)	③達成度（レベル） (%)	④重み×達成度 (/100)
1	痛みの緩和	40	50	20
2	家族の健康	30	70	21
3	読　書	20	80	16
4	外　出	10	50	5
5	E メールの送受信	10	50	5
			⑤ QOL インデックス	67

です。QOL が何から成り立っているかを考えるときに役に立ちます。

　上記の尺度は項目が決まっており，病気や障害のある人が測定すると，しばしば低い値になります。しかし，病気や障害のある人には自分で健康の定義をしなおして，価値観も変わって，生活の質を高く保っている人もいます。

　そのようなひとりひとり異なる QOL を測る尺度として，**SEIQoL**（シーコール）（The Schedule for the Evaluation of Individual QoL）があります。現在は，測定が容易な **SEIQoL-DW**（ディーダブリュー）が使われています [19]。

　SEIQoL-DW の測定の手順は，①生活で大切な項目（キュー）を 5 つあげてもらいます。②それぞれの「キューが占める割合（重み）」を合計で 100％になるように分配します。③キューに対し，「達成度（レベル）」を，100 が「最高の状態」，0 が「最低の状態」となるように評価します。④それぞれのキューに対する，「重み」と「達成度」を掛けます。⑤④の合計が，SEIQoL-DW インデックスです。値が高いほど QOL が高いことを表します（表 6-6）。SEIQoL を用いると，対象者が自身を深く知り得たと同時に，面接者とも共有できたと思うようで，笑顔がみられるそうです [19]。

　このような尺度は，利用者にとって QOL の何が重要かを把握する際の指標になります。実際に測定しなくても，尺度を手がかりにして考えることで，支援に広がりをもたせ，利用者の生活の充実につながると思われます。

引用・参考文献

1) 柊崎京子編著（2011）『介護福祉を学ぶ学生のための事例研究』久美，8-36.

2) 松本学・森田夏美編集（2012）『新版　看護のためのわかりやすいケーススタディの進め方—テーマの決め方からレポートの作成・発表まで—』照林社，2-72.

3) Maslow, A. H.（1970）*Motivation and personality, Harper & Row.*（＝1987，小口忠彦訳『人間性の心理学—モチベーションとパーソナリティ』産能大学出版部）

4) Orem, D.E.（2001）*Nursing: Concepts of Practice, Mosby.*（＝2005，小野寺杜紀訳『オレム看護論—看護実践における基本概念　第4版』医学書院）

5) Selye, H.（1936）*A syndrome produced by diverse nocuous agents, Nature,* 138, 32.

6) Razarus, R.S. and Folkman, S.（1984）*Stress, Appraisal, and Coping, Springer Pub. Co.*（＝1991，本間寛・春木豊・織田正美監訳『ストレスの心理学—認知的評価と対処の研究』実務教育出版）

7) Rickenbach, E.H. and Condeelis, K.L.（2015）*Daily Stressors and Emotional Reactivity in Individuals with Mild Cognitive Impairment and Cognitively Healthy Controls, Psychology and Aging,* 30, 420-431.

8) 杉澤秀博・近藤尚己（2015）「社会関係と健康，健康と社会　健康格差解消に向けた統合科学的アプローチ」川上憲人・橋本英樹・近藤尚己編『社会と健康』東京大学出版会，209-232.

9) Cumming, E. and Henry, W.E.（1961）*Growing Old：the Process of Disengagement,* Basic Books.

10) Lemon, B.W., Bengston, V.L. and Peterson, J.A.（1972）*An Exploration of the Activity Theory of Aging−Activity Types and Life Satisfaction among in-movers to a Retirement Community, Journal of Gerontology,* 27, 511-523.

11) Atchley, R.C.（1989）*A Continuity Theory of Normal Aging, The Gerontologist,* 29, 183-190.

12) Rapp, C.A. and Goscha, R.J.（2012）*The Strengths Model：a Recovery-Oriented Approach to Mental Health Service, Oxford University Press.*（＝2014，田中英樹監訳『ストレングスモデル—リカバリー志向の精神保健福祉サービス　第3版』金剛出版）

13) 野口裕二（2009）「ナラティブ・アプローチの展開」野口裕二編『ナラティブ・アプローチ』勁草書房，1-25.

14) White, M. and Epston, D.（1990）*Narrative Means to Therapeutic Ends, W.W. Norton.*（2017＝小森康永訳『物語としての家族　新訳版』金剛出版）

15) 新井浩道（2014）『ナラティブ・ソーシャルワーク　"＜支援＞しない支援"の方法』新泉社.

16) 斎藤清二（2016）『医療におけるナラティブとエビデンス　対立から調和へ　改訂版』遠見書房.

17) 福原俊一・鈴鴨よしみ（2015）『SF-36v2™日本語版マニュアル』iHope International.

18) 田崎美弥子・中根允文（2007）『WHOQOL26手引き改訂版』金子書房.

19) 中島孝・川口有美子（2014）「QOLと緩和ケアの奪還」川口有美子編『末期を超え—ALSとすべての難病にかかわる人たちへ』青土社，119-182.

付 章 演習事例

【付章 演習事例の情報源】
・「プロフィール」「健康，心身機能・身体状況」は，記録からの情報。
・利用者本人および家族からの情報は，「　　」内に記している。
・上記以外は，記入者の観察からの情報。

演習事例 1 　不安を感じながらも，自宅生活を継続したいと望むKさん

＊介護過程の展開のポイント：

　小規模多機能型居宅介護/生活歴を活かした支援/意欲に働きかける支援

1 事例紹介

(1) プロフィール

　氏名：Kさん　年齢：86歳　性別：女性

　要介護度：要介護1

　一人暮らし。長男（55歳），長女（50歳）がおり，電車で30分のところに在住。

　5年前（81歳）に，スーパー内で滑って転倒し，腰椎圧迫骨折をした。それ以降，活動範囲が狭くなり，人とのかかわりも少なくなった。83歳になると徐々に見当識障害やうつ症状もみられるようになった。そして，外出する機会が減り，引きこもりがちになり，自分の身なりに気をつかわなくなっていった。また，2年前（84歳）に胃潰瘍で入院したことをきっかけに，自宅での一人暮らしへの不安をもらすようになった。

　1年前（85歳）より小規模多機能型居宅介護を利用する。家族は「お母さんなりのペースで生活してほしい」と話す。

① 生活歴

東京で5人姉妹の末っ子で生まれた。20歳代で結婚し，1男1女をもうけ

る。30歳代の時に夫を病気で亡くし，その後は女手ひとつで子どもたちを育てた。夫の死後，調理師資格を取得し，中学校で調理師として働いた。70歳まで勤めてきたことが本人にとっての誇りである。仕事柄，立ち仕事が長く，腰痛が持病であった。退職後は，娘の近くに転居し，フルタイムで働く娘の子どもの世話をするなどをして過ごした。

81歳の時に，スーパー内で滑って転倒し，腰椎圧迫骨折をした。この後より，活動範囲が狭くなり，人とのかかわりも少なくなった。「圧迫骨折をきっかけにネガティブな思考になった」と家族からの情報がある。徐々に，見当識障害やうつ症状もみられ，引きこもりがち，自分の身なりに気をつかわなくなった。胃潰瘍での入院を契機に，一人で暮らすことへの不安の気持ちをもらすようになる。

土曜は長女が，日曜は長男が本人宅を訪れているが，平日は仕事があり難しい状況であるため，小規模多機能型居宅介護を利用することとなった。

②　利用している介護保険サービス

・小規模多機能型居宅介護【通い：月・水・木曜，訪問：火・金曜，泊まり：水曜】
　利用理由：他者との交流を通じて活動する機会の確保，服薬の見守り・確認が必要なため。
・訪問リハビリテーション【週1回】作業療法士によるベッドからトイレまでの歩行訓練など。
　利用理由：機能の評価をしながら，専門職による継続的なリハビリテーションが必要なため。
・その他：介助型車いす，シルバーカーを自費で購入。

---

(2) 健康，心身機能・身体状況

5年前に腰椎圧迫骨折を受傷し，腰痛が続いている。認知症と診断されている。短期記憶の障害があり，5分前に言われたことを忘れてしまう。相手が言ったことは理解できるが，すぐに忘れてしまうことがある。昔の話などはいきいきとした表情で話す。

MMSE：18/30点，HDS-R：17/30点。視覚・聴覚は問題ない。爪白癬がある。

11月20日の計測では，血圧135/88 mmHg，脈拍65回/分，体温36.5℃，呼吸20回/分であった。身長150 cm，体重39 kg。

腰痛について，医師からは「痛み止めを使いながら動くことが大切。動かないことによる機能の低下を予防するためにリハビリをしてほしい」と言われている。腰痛により，ひとつひとつの動作がゆっくりである。腰痛や下肢筋力の低下により，歩行のバランスが悪い。訪問リハビリテーションにて，理学療法士が自宅で起居動作の確認，電動ベッドからトイレまでの移動とそ

の手順の確認を行っている。

(3) 意思表示・意思決定

　意思表示や意思決定は可能であるが，短期記憶障害により忘れてしまうことがある。

　生活に対して，「家族に迷惑をかけないように，このままの生活を続けたい。だけど，このまま一人で暮らすのが不安なの」「入院は2度としたくない」「子どもたちが元気なことだけが望み」と話す。

(4) A D L

・**起き上がり・移乗**：ゆっくりだが，一人でしている。

・**移動**：短距離や小規模多機能型居宅介護の事業所内では，シルバーカーを利用（右写真）。事業所に通うときは車椅子を使用。腰痛のため前傾姿勢ぎみ。腰痛のため，自発的に動くことをせず，職員の声かけが必要。腰痛や下肢筋力の低下により，歩行のバランスが悪い。

・**排泄**：トイレを使用。時々，間に合わずに失敗するため，リハビリパンツを着用。パンツ交換を忘れてしまうことがあるため，職員が毎日声かけし，交換を促している。排尿は8〜9回/日，排便は1回/3日。

・**食事**：自分で食べている。腰痛がひどいときは，食事量が減ったり，食べる姿勢が安定せず，右に傾斜することがある。主食はパンまたは米飯，副食は一口大にしている。朝はパン1枚，昼食・夕食は，主食10割，副食8割を摂取した（11/20）。義歯は上顎のみ。

・**更衣**：上衣の更衣は問題ない。下衣はふらつきがあるため，座って行う必要がある。

・**清潔・整容**：「一人だと怖い」という理由で，家では入浴しない。小規模多機能型居宅介護の事業所内の個別浴槽で入浴している。ふらつくことがあるため，浴槽の縁に腰をかけ，浴槽をまたぐときに職員が足を支えている。洗身や洗髪は本人が行い，仕上げを職員が行っている。歯磨き，洗顔，整髪，化粧は見守り・声かけでしている。爪白癬があるため爪切りは看護師が行っている。

・**睡眠**：自宅では横になっている時間も多いため，昼間もウトウト眠ってしまうことがある。結果的に，「夜は，2〜3時間おきに目覚めてしまう」と話す。

(5) 日常生活

　小規模多機能型居宅介護を利用しており，週3回事業所に通所している。

自宅にいる日の週2回（火・金曜の昼食後），職員が訪問介護をして，内服薬をきちんと飲んでいるかを確認する支援をしている。

常に腰痛があるため，1日の中で寝ている時間も長い。また，週4日は自宅で過ごすが，土日に長男・長女が訪問する以外は一人であるため，他者とのかかわりが少ない。「外に出ると腰が痛くなるし，それが怖いから，出たくないのよね」と話す。

人と打ち解けるまでに時間がかかるが，「気の合う人と会ったり，話すと元気になる」とよく言う。人付き合いに疲れたときや，気分が乗らないときには，「今日は休むわ，人に会いたくない，私は頑固よ」と言って，"通い"を休み，1日自宅で過ごすことがある。

「自分のペースでのんびり生活することが好き」「人に動かされるのは嫌」と話す。人とおしゃべりすること，料理が好きである。料理のときは腰痛のことを言わない。リハビリテーションを楽しみにしているが，「自分一人でやるのは転びそうで怖い」と話す。

昼夜逆転の傾向があり，睡眠薬を内服して就寝するが，小規模多機能型居宅介護に通ったときは，「夜はよく眠れる」と話す。

なんでも捨てずに残しておく。1日の出来事を記録することが習慣になっている。

11月20日の水分摂取量は1,250 mL（8時：150 mL，10時：100 mL，12時：250 mL，15時：150 mL，18時：250 mL，19時：100 mL，20時：150 mL，22時：100 mL）であった。

・**調理・買い物**：調理は，トースターでパンを焼いたり，お茶やコーヒーを入れるためにお湯を沸かす程度である。食事は，朝食はパン。昼食と夕食は，小規模多機能型居宅介護に通う日は事業所の食事を食べ，自宅では配食弁当を取り寄せている。

日用品ですぐに必要なものがあれば，シルバーカーを使って，近くのコンビニエンスストアに買い物に行くが，基本的には，土日に長男・長女が来たときに1週間分の必要なものをまとめて購入している。

・**衣類，掃除・整頓**：衣類は自分で選んでいるが，季節に合ったものでなかったり，汚れたままのものを着ていることがある。部屋の中には，衣類や大量の小銭が散らばっている。

・**医薬品管理**：自己管理している。痛み止め，骨粗鬆症改善薬，胃粘膜の保護薬を毎食後に服用。睡眠薬を頓服で服用。服薬を忘れてしまうことがある。薬について，「私，飲んだかしら？」という問い合わせの電話が事業所にかかってくることがある。

・**経済的状況**：厚生年金を受給し，現時点で経済的な問題はない。

1日の過ごし方：11月19日（火曜）【自宅で過ごす日】
6：00　目覚める　横になってテレビを観る
8：00　起床・朝食　トースターでパンを焼いて食べる
10：00　横になってテレビを観る
12：00　昼食（配食弁当）
12：50　小規模多機能型居宅介護職員による訪問（服薬支援）
13：30　横になってテレビを観る
19：00　夕食（届いた配食弁当を食べる）
20：00　出来事の記録
20：30　横になってラジオを聴く
23：00　就寝（2〜3時間おきに目覚めてしまう）

1日の過ごし方：11月20日（水曜）【小規模多機能型居宅介護で過ごし，泊まる日】
6：00　目覚める　横になってテレビを観る
8：00　起床・朝食　トースターでパンを焼いて食べる
10：00　小規模多機能型居宅介護に通う（職員送迎）　バイタルサインのチェック
10：45　個別活動（昼食用のぬか漬けを漬ける，かき混ぜる，切る，盛り付ける）
11：45　体操や嚥下訓練
12：00　昼食
12：50　服薬・歯磨き
13：30　おやつ作り
14：00　個別レクリエーション（手芸や編物）
15：00　おやつ・翌日のおやつの献立を考える
16：00　入浴・休憩
18：00　夕食
19：00　歯磨き
20：00　出来事の記録
20：30　横になってラジオを聴く
23：00　就寝　　　　　　　　　　　⇒翌日の夕方自宅に帰る

（6）参加，役割，趣味

　小規模多機能型居宅介護の事業所に通う日，病院に通う日（月1回）以外は，家で過ごし，一人でテレビを観ている。事業所に通う日は，事業所内で行っている調理活動の場（下写真）で，調理師時代に培った料理のコツなどを若い職員たちに伝授している。料理の話をしているときは楽しそうな表情をする。また，ラジオが好きで，寝る前にはいつもラジオを聴いている。

（7）対 人 関 係

　以前働いていた職場の仲間とは，よく食事に行くなどをしていたが，みな高齢になったこともあり，数年会っていない。自宅マンションで気が合う人が 1 人いるが，マンション内で会ったときに話をする程度である。事業所内では，重度の認知症利用者に声をかけるなど，面倒見がよい様子がみられる。他利用者とのトラブルはない。

（8）物理的環境

　10 年前に，娘宅の近くにあるワンルーム賃貸マンションに引っ越した。部屋は10 階にある。建物はエレベーターが設備され，室内はバリアフリーである。マンションの向かいにコンビニエンスストアがある。

A さん宅間取り

---

② 　介護過程の展開へ向けて

（1）事 前 学 習

①　調べておくべき知識

・腰椎圧迫骨折　　　　・小規模多機能型居宅介護
・独居高齢者の増加　　・介護の社会化

②　生活機能と生活支援技術

　K さんの「健康状態や心身機能の状態」「活動」「参加」に関して知っておくべきことや，生活支援技術で必要なことを考えてみましょう。

（2）注目してほしい点

・「腰痛により行動範囲が狭い」「一人暮らしに不安を感じている」
・生活歴を活かした支援
・本人の意欲に働きかける支援
・事業所内だけでなく，自宅での生活も含めた総合的な在宅支援

巻末に，「アセスメント」「介護計画」の参考資料があります。（pp.156 〜 157）

演習
事例
2 **長年の施設生活から地域での暮らし**
を選択して生活する脳性麻痺のLさん

＊介護過程の展開のポイント：

　脳性麻痺の二次障害／自立生活／地域移行／ストレングス／セルフケア

1　事例紹介

（1）プロフィール

> 　氏名：Lさん　年齢：61歳　性別：男性　一人暮らし（両親は他界）
>
> 　障害支援区分：区分6
>
> 　出生時の障害でアテトーゼ型脳性麻痺による四肢体幹機能障害，構音障害がある。
>
> 　3歳から施設や病院で暮らしてきた。地域移行した利用者の影響等を受け，40歳を過ぎて，自らの意思で生活を営むことを決意する。自立生活に必要な資金を15年間かけて貯金し，準備期間を経て，59歳でアパートでの一人暮らしを始める。地域生活をして2年が経過した。
>
> 　脳性麻痺の二次障害である，首や上下肢，腰などの疼痛，嚥下障害が徐々に進行している。「体調に合わせてその日にやりたいことを決めたい」「友人を訪ねたり，趣味の写真撮影も自分のペースでしたい」と，思いを語っている。

①　生活歴

　仮死状態で出生する。3歳で重症心身障害児施設に入所し，7歳のときに肢体不自由児施設に入所する。そこから養護学校（当時）に通い，14歳で別の施設に入所する。そして，父親の死後，42歳でT園に入所する。T園では，芸術クラブ，写真クラブ，将棋クラブに参加した。45歳のとき，知人に近隣の教会を紹介され，日曜日に教会の活動を始める。

　47歳，T園内で実施されていたピアカウンセリングを受け，地域での自立生活に興味をもった。金銭管理の方法を覚え，宿泊体験を重ねるなか，55歳で障害当事者団体と出会ったことをきっかけに地域移行を決意する。Lさんの生まれた町に近い相談支援事業所等の支援を受けながら，アパート探し，財産管理，医療，日中活動，社会活動の継続等の準備を重ね，59歳から地域生活をスタートした。

②　利用している医療福祉サービス

　重度訪問介護＊：1月に527時間（移動支援14時間含む）。2つの事業所で，

＊　重度訪問介護は「同一箇所に長時間滞在しサービス提供を行う」という業務形態を踏まえ，8時間を区切りとする単位設定となっている。2020年3月現在，支給量は自治体間格差がある。

ヘルパーが８人体制でかかわっている。

　訪問看護（１回/週），医師の往診（２回/月），専門医受診（１回/３か月），訪問歯科診療（適時），居宅療養管理指導（薬剤師適時）。

（2）健康，心身機能・身体状況

　アテトーゼ型脳性麻痺による四肢体幹機能障害がある。両肘関節の屈曲拘縮，両手指の変形拘縮がある。43歳，緊張緩和を目的に，股関節・膝関節周囲筋の解離手術を行う。

　47歳，脳性麻痺による二次障害として頸椎変形症と診断された。49歳，頸部筋解離術を実施したが，疼痛や強い緊張は改善されなかった。疼痛は，夜間や明け方に増強する傾向がある。対策として，日中は車椅子上で頻繁な体位の調整および身体の引き上げを行い，昼食後に背筋を伸ばして疼痛部位の筋肉をやわらげる対応をしている。

　頸椎の変形について，動作時に衝撃を与えない介助を行うことを医師から指示されている。会話や食事をしようとすると，筋緊張が強くなる。二次障害に伴い嚥下機能の低下があり，食物を小さく刻み，水分にも若干のトロミをつけることをすすめられている。

　筋緊張や症状に対する治療薬として，ミオナール(筋弛緩作用)，メチコバール（ビタミンB_{12}），ユベラＮ（末梢循環改善），セルシン（筋弛緩作用，抗不安）を服用している。センノシド（下剤）を夕食後に服用している。

（3）意思表示・意思決定

　YES/NO の意思表示ははっきりしており，日常会話や質問に対しての理解力は問題ない。簡単な質問に対しては，目線，うなずき，発声，首ふり等で意思表示をしている。介助方法や世間話などの込み入った内容は，文字盤かトーキングエイドを使用している（右写真）。

　文字盤の使用は，介助者が指で文字盤をなぞり，目線，発声，うなずき等で意思を伝える。「豆腐の味噌汁を食べたい」という意思を確認するのに５分程度の時

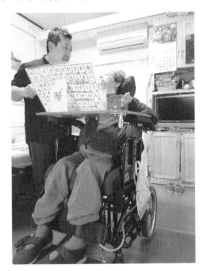

間を要することがあり，話題によっては30分かかることがある。

　iPad のトーキングエイドのアプリ，文字入力するためのスイッチコントロールを使用している。

（4）ＡＤＬ

・**移動・移乗**：室内・室外の移動は，全介助で車椅子を使用している。ベッ

ドと車椅子への移乗，入浴時の移動は，備え付けのリフトを使用（右写真）。自宅アパートの玄関は簡易スロープを組み立てて使用。頸部に負担がかからないように介助者の手で支えている。

・**姿勢保持**：座位保持は，背もたれと座面の角度の調整ができる特注のティルト・リクライニング車椅子を使用している。体位の修正を1時間に1～2回実施している。就寝時の体位は左側臥位が基本であり，足をクロスするか，両膝の間にクッションを挟んでいる。背中とベッドの間に棒状のクッションを挟み，両手にハンドクッションを握っている。一晩で5～10回，Lさんの希望により体位を修正する。

・**食事**：全介助を要する。柔らかく煮た食材を小さく刻み，トロミをつけたものを摂取している。緊張により強くかんでしまうため，樹脂製で先端の軟らかいスプーンを使用している。水分摂取には調理用ディスペンサーを使用している。好き嫌いはなく，1日1,600 kcal を摂取できている。

・**排泄**：以前はコンドーム型の男性用収尿器を装着していたが，衛生面や外出時にずれてしまうこと，残尿などの理由から，バルーンカテーテルを挿入し留置している。尿意はない。排便は，毎朝食後にベッド上で浣腸し，差し込み便器を挿入しギャッジアップした状態で排泄している。

・**更衣**：頸部に負担がかからないように，着衣は首から行い，脱衣は首を最後に脱ぐ。股関節痛があるので，関節可動域などに注意して介助している。

・**清潔・整容**：毎日入浴（上写真，浴室），歯磨きは毎食後に行う。1か月に1回，理髪店に行く。

(5) 日常生活

　毎日の生活は，自らの状況や体調などに応じて，居宅介護事業所（重度訪問介護）と相談しながら，臨機応変にスケジュールを組み立てている。日中1時間程度，ベッドや車椅子上で休息する。その際，外出時は車椅子をギャッ

ジダウンし，在宅時はベッドに臥床する。0：00～4：00頃は熟睡するが，それ以降は身体の痛みが増すために体位の修正が増える。

	1日の過ごし方（6月16日　金曜日）		飲水等（mL）	1週間の過ごし方
午前	6：30	起床/更衣，洗面，整容，蓄尿バッグの尿を捨てる	水100	自らの状況や体調などに応じて，居宅介護事業所（重度訪問介護）と相談しながら，臨機応変にスケジュールを組み立てている。
	8：00	朝食/歯磨き	みそ汁150，お茶150	
	9：30	排便（グリセリン浣腸30 mL）		
	10：00	コーヒー	コーヒー200	
	10：30	訪問診療		
	11：00	ベッドに臥床してテレビを見る		
午後	12：00	尿を捨てる/昼食/歯磨き	スープ100，お茶150	T施設でマット運動など（施設の地域開放で利用している，木曜日）
	13：30	当事者団体活動先に外出	お茶200	
	17：00	食料品や日常品の買い物		
	18：00	帰宅/夕食の準備	お茶100	
	19：00	入浴		教会礼拝（日曜日）
	20：30	夕食/晩酌	みそ汁150	
	22：30	歯みがき/臥床準備	ビール350	
	23：30	就寝		
	夜間	身体の痛み，褥瘡予防などのためにクッションなどを当て，適時体位の修正を行う		

- **買い物**：日用品と食品は週に一度，ヘルパーと在庫を確認し，買い物する内容を確認している（下写真，食品の冷蔵庫在庫）。

- **料理**：毎日，食べたいものをヘルパーと相談して決めている。Lさん自身も調理に参加することを望んでいる。味付けは，調理中にLさんが口に含んで確認している。食材の買い出しや調理のやりとりは，専用の文字盤を使用している。

- **金銭管理**：食材，日用品等は，ヘルパーが買い物をした日に収支をLさんが確認する。財産，家賃，月単位の収支は，保佐人（弁護士）が管理を行っている。

(6) 参加，役割，趣味

日曜日にキリスト教礼拝のため，教会に行く。行けないときは教会関係者が自宅に訪問している。趣味は，「野球観戦，写真撮影，散歩。週に1回，体調が良ければ散歩に出かけている」「1日おきのビールの晩酌が楽しみ」「地図で確かめながら出かけ，自分の住む街の写真を残したい」と思っている。Lさんがヘルパーに指示し，シャッターを切っている。趣味の写真を通して友人と交流している。また，熱烈なファンである読売ジャイアンツ関係の本を読んでいる。

　当事者団体活動で知り合った友人の集まりに，月に1回参加している。「生活全般の情報収集や相談などが行われ，大切な場所」であると話す。選挙の投票日は，ヘルパーと一緒に車椅子で投票所に行く。

(7) 願い・思い

「自宅で1対1の介助を受けたい」「施設では食堂でも部屋でも自由でなかったので，食事，寝る時間，起きる時間を自分で決めたい」「外出したい」「好きなテレビを見たい」「母親の家事をする姿を見ていたので，ヘルパーに手伝ってもらって毎日家事をしたい」「デイサービスはやることが決まっているので，おもしろくない」と話す。

(8) 生活環境

　住居は，住宅街（右写真）にあるアパートの1階で，2DK，浴室，トイレがある。1部屋は本人用，もう1部屋は介護者の休憩や寝る場所，タンス置き場として使用している。

(9) 経済状況

　特別障害者手当（国）27,200円，心身障害者福祉手当（市区町村）15,500円，重度心身障害者手当（東京都）60,000円，障害基礎年金81,260円を受けている（合計183,960円）。

2　介護過程の展開へ向けて

(1) 事前学習

① 調べておくべき知識・技術や理論

・アテトーゼ型脳性麻痺（原因，症状）　　・脳性麻痺の二次障害

・ピアカウンセリング　　　　　　　　　・地域移行

・ストレングス（第6章参照）　　　　　・セルフケア（第6章参照）

② 生活機能と生活支援技術

　Lさんには，構音障害，嚥下障害，頸椎や上下肢の変形・拘縮等があります。生活支援技術の基本にそった支援の方法を考えてみましょう。

(2) 注目してほしい点

・Lさんは日常生活を自分で考えて行っています。内容を確認してみましょう。

・Lさんはどのように社会生活をしていますか。

(3) 演　　習

・Lさんに対してどのようなかかわりをしたいかを話し合ってみましょう。
・Lさんの重度訪問介護を行うとして，介護過程を展開してみましょう。

【参考】

利用者及びその家族の生活に対する意向（希望する生活）	■1日のスケジュールを自らで立て，排泄や更衣，入浴だけでなく，買物や洗濯，料理においても，ヘルパーの力を借りることで，地域での生活を組み立てたい。 ■当事者仲間とのかかわりを大事にしてZ区で一生暮らしていきたい。	
総合的な援助の方針	自分の能力を補うために，金銭・財産管理は第三者による管理を望むなど，自分の生活をコントロールする力がある。 介護者との意思疎通や，日常の援助方法の決定は，時間をかけてその都度本人の了解を得ることを前提に行う。	
	長期目標	写真撮影や野球観戦などの趣味，Z区のインフォーマルな社会資源の開拓，教会活動などを通じて地域に根を張り，上手な買物や調理など自らの意思で選ぶ生活を目指す。
	短期目標	写真撮影や野球観戦などの趣味や，医療体制などを含めた暮らしをつくる。

優先順位	解決すべき課題（本人のニーズ）	支援目標	達成時期	福祉サービス等　種類・内容・量（頻度・時間）	課題解決のための本人の役割	評価時期	留意事項
1	地域の住宅での生活を続けたい。	地域での日常生活，外出，健康維持のための通院を支える身体介助，生活援助，移動の支援の体制を整える。	1か月	・重度訪問介護：身体介護，生活援助など全般	体調・健康管理を行い，Z区担当ワーカー，関係事業所などと良好な関係を作る。	3か月	
2	暮らしの中で，健康管理，機能訓練などを実践し，定期的に健康・身体機能のチェックを行う。	服薬・健康管理のためかかりつけ医を定期的に受診する。身体機能チェック及びリハビリのためT施設を活用する。	6か月	・医療：かかりつけ医／月1回受診 ・医療：歯科，専門医／適時受診 ・医療：訪問看護，訪問リハビリテーション／週1回 ・T施設：機能訓練室を利用／週1回 （地域の社会資源として利用している）	医療機関や医療職，PTなどのアドバイスに耳を傾け，身体的な課題の認識を高める。	3か月	重度訪問介護は24時間の介護体制を希望している。
3	第三者の保佐人（弁護士）と連携して金銭・財産管理を行う。	日常の小遣い・生活費は，本人がヘルパーと一緒に自己管理する。収支確認，家賃，財産管理は，保佐人と連携して実施する。	6か月	・成年後見制度（保佐人）：毎月・年間の収支確認，家賃振込み，財産管理 ・重度訪問介護：日常の小遣い・生活費を本人と管理，保佐人へ収支報告	日常の金銭管理をヘルパーとの共同作業で堅実なものとする。	3か月	
4	写真撮影や野球観戦などの趣味，インフォーマルな社会資源の開拓，教会活動などを通じて地域に根を張る。	趣味・社会参加，教会活動を行う。	3か月	・重度訪問介護：日々のスケジュール，当日の天候，体調，意向などを確認して，趣味，社会参加，教会活動の支援を行う。	外出や趣味など楽しむものを最優先することなく，健康管理や家事など生活の優先順位を見極めて活動する。	3か月	
5	保佐人（弁護士），支援者，ヘルパー，当事者仲間以外の第三者機関とかかわりをもつ。	行政，A相談支援事業所が第三者的な相談機関としての役割を果たし，各事業所，保佐人などと連携する。	6か月	・重度訪問介護：居宅介護X事業所居宅介護R事業所 ・計画相談支援，基本相談支援：A相談支援事業所	これまで築いた人的資源，これから築く人的資源だけでなく，困りごとなどを多くの人に相談する。	6か月	

> Lさんの情報を，ICFの生活機能モデルで整理したものが，図2-7（p.46）にあります。
> 巻末に，「アセスメント」「介護計画」の参考資料があります（pp.158〜159）。

演習
事例
3
医療的ケアを受けながら希望をもち自宅で生活する ALS のMさん

＊介護過程の展開のポイント：

　快をささえる/意思疎通支援/生活の質/医療的ケア/多職種連携

1　事例紹介

（1）プロフィール

氏名：Mさん　年齢：54歳　性別：女性

要介護度：要介護5，障害支援区分：区分6

身体障害者手帳：1種1級

家族：夫（55歳）と二人暮らし。両親，息子（25歳）は他県に在住している。

　3年前（51歳）に，足底の感覚が鈍くなった感じがあり，急に転ぶようになった。病院を受診し，3か月後に筋萎縮性側索硬化症（ALS：amyotrophic lateral sclerosis）と診断された。次第に手足が動かしにくくなり，息苦しさも感じていた。

　9か月前に病院を受診した際，肺活量が激減して緊急入院となり，気管切開を行うか否かの決断を迫られた。決断の期間は数日間と短く，思うように情報収集できなかったが，Mさんは命を縮める選択はしたくなかった。人工呼吸器を装着して薬の開発を待とうと思った。3か月間入院し，6か月前に自宅での生活を再開した。

①　生活歴

　A県で生まれ，大学卒業後に事務職として企業に就職した。28歳で夫と結婚し，B県に移り住んだ。出産後は夫と協力して育児をして仕事を続け，仕事では管理職をしていた。ALS発病後，52歳で退職した。

②　利用している医療福祉サービス

　夫だけでは介護が難しいため，可能な限りのサービスを利用している。

　重度訪問介護は利用上限に地域格差があり，全日の利用はできていない。訪問介護員は8時間毎に交代している。慣れてもやめてしまう訪問介護員もいる。多職種の連携・協働のため，支援のチェック表，連絡ノートがある。介護支援専門員が全体の調整役である。

　「できることは最大限してもらっている」「進行性の病なので，最新の情報で支援してほしい」「意思を尊重したサポートをしてほしい」と話している。

・訪問診療【週 1 回，月曜の午前】
・訪問看護【月～木曜と土曜の午前】
・訪問リハビリテーション
　理学療法士による関節可動域運動，マッサージなど【月・木曜日の午後】
　作業療法士による操作スイッチ等の使用の調整【月 1 回程度】
・訪問入浴【火・金曜の午後】
・管理栄養士による居宅療養管理指導【月 1 回】
・訪問介護・重度訪問介護【土曜以外の全日 24 時間制】
・短期入所療養介護【4 か月に 1 回程度，期間は 2 週間】
・その他：介護支援専門員の訪問（不定期），紙おむつ給付，福祉タクシー・電動ベッ
　　　　ド・介助型車椅子・自動ページめくり機・操作スイッチなどの利用

(2) 健康，心身機能・身体状況

　気管切開下人工呼吸療法（TPPV：tracheostomy positive pressure venti-lation）は，1 回換気量 500 mL，呼吸回数 15 回/分の設定である。治療薬は，リルテック（ALS の病勢進展の抑制薬），整腸剤，マイスリー（睡眠導入薬）である。ALS 以外の病気はない。ALS は「治る病気だと信じている。できる治療は何でもしたい」と話している。

　バイタルサインは，血圧 120/62 mmHg，脈拍 72 回/分，体温 35.8℃，呼吸 15 回/分である（2 月 X 日）。身長 158 cm，体重 40 kg（1 月 X 日）。

　喀痰吸引のために，気管用の持続吸引器と口腔用の低圧持続吸引器を併用している。看護師の訪問時に，確認として喀痰吸引を行っている。急に痰が上がってきたときには，訪問介護員も喀痰吸引を行う。摂食と嚥下は難しく，入院時に胃ろうを造設した。

　四肢や体幹を自分で動かすことは難しいが，両手の指先と，外眼筋や表情筋は動かせる。圧迫や動かさないことによる体の疼痛がある。同一体位をとっていると，仰臥位では肩甲骨部や仙骨部，踵骨部，側臥位では大転子部や肩峰突起部などが痛んでつらくなってくる。伸ばしていた腕も痛む。理学療法士による関節可動域を維持する他動運動，マッサージや，訪問介護員の関節他動運動で痛みが緩和している。

(3) 意思表示・意思決定

　発声は困難であり，透明文字盤を用い，相手が読み上げた文字を瞬きで合図して意思疎通を図っている。透明文字盤に不慣れな訪問介護員もいる。Eメールは，右手の指先でエアバッグ式の操作スイッチを押してパソコンに入力し，友人と送受信している。文字入力に時間がかかるため，「簡単な方法を知りたい」と思っている。視力，聴力，理解力は良好である。

(4) Ａ Ｄ Ｌ

- **寝返り・起き上がり・移乗**：全面的に介助で行っている。体位変換は１〜２時間おきに行っている。睡眠中は，ベッドの自動体位変換機能を２時間おきに用い，訪問介護員が調整する。移乗は，気管切開部のカニューレがはずれないように，２人介助で行っている。

- **移動**：リクライニング式介助型車椅子を使用している。移動には支援が必要である。

- **排泄**：尿意，便意がある。排尿は紙おむつを使用しており，１日に８〜10回である。排便は，トイレへの移動や姿勢の安定が難しいために，紙おむつを使用しており，２〜３日に１回である。便秘のときは，看護師がMさんと相談して浣腸を行う。

- **食事**：管理栄養士の指導を受け，１日約 1,300 kcal，水分 2,000 mL 以上を目安にして，ミキサー食と半固形の経管栄養剤，トロミのついた水分を胃ろうから注入している。主食はおかゆ 200 mL など，副食は数種類の野菜とひき肉か魚介のスープ 400〜500 mL，果物とヨーグルト 100 mL などをそれぞれミキサーにかける。内容は，季節の野菜や果物を取り入れ，Mさんと決める。Mさんも，食べ物を見て香りを感じて楽しんでいる。食事中は，30 度程度，上体を上げた姿勢をとっている。

- **更衣**：全面的な支援が必要である。衣服はMさんが選択している。

- **清潔・整容**：訪問入浴を週に２回受けている。そのほかに，ベッド上での手浴，足浴，清拭を，訪問介護員や看護師が行っている。

- **睡眠**：「まあまあ眠れている」。

(5) 日 常 生 活

金銭管理・医薬品管理：夫が行っている。薬の注入は訪問介護員も行う。

調理・洗濯・掃除・買い物：夫か訪問介護員が行っている。

経済的状況：夫の収入とMさんの障害年金があり，現時点では問題はない。

1 日の過ごし方：２月Ｘ日（月曜日）
7：00　起床　訪問介護員による関節他動運動
7：30　朝食【経管栄養剤 200 mL とミキサー食 350 mL を胃ろうより注入】 　　　　薬の注入【30 mL】，洗顔，口腔ケア，着替え，メールチェック
10：00　訪問診療，訪問看護を受ける
12：30　昼食【ミキサー食計 700 mL を胃ろうより注入】 　　　　訪問介護員による他動運動，手浴，足浴など，水分補給【100 mL】
19：00　夕食【ミキサー食計 650 mL を胃ろうより注入】，薬の注入【30 mL】， 　　　　口腔ケア 　　　　テレビを見る，読書，音楽を聞くなど
23：30　訪問介護員による他動運動，着替え，口腔ケア 　　　　睡眠導入薬注入【30 mL】，就寝 　　　　ベッドの自動体位変換機能で体位変換，訪問介護員による背抜きと調整

（6）参加，役割，趣味

「やりたいことはやる」という生き方をしてきた。現在の役割は，「懸命に生きていること」。「役割はいずれ見つかるだろう」とも話している。自宅での生活が精一杯でほとんど外出しておらず，外出を希望している。息子と会うことも楽しみにしている。

　趣味は，読書，音楽鑑賞，映画鑑賞である。読書は，自動ページめくり機を使ったり電子書籍を利用したりしている。映画は疲れてしまうのであまり見ていない。

（7）対 人 関 係

　主介護者は夫。IT 関係の仕事をしており，週に3日通勤し，2日は在宅勤務をしている。息子（25歳）はC県で働いている。仕事が忙しく，正月やお盆に数日帰省するのみである。時々，Mさんの友人の訪問がある。

　夫が疲れているので，休めるようにと願っている。夫は，「よい状態で過ごしてほしい」と話している。意欲はあるが，介護や訪問者への気づかいもあり疲れている。息子もMさんを心配し，同居できるように転職を考えている。

（8）物理的環境

　マンションの2階に住んでいる。段差を解消し，車椅子で移動できるようにしている。リビングの隣にMさんの部屋がある。夫の部屋はその隣にある。「多くの人の協力を得たいが，人の出入りが激しいので，プライバシーの確保も必要」と話している。

2　介護過程の展開へ向けて

（1）事 前 学 習
①調べておくべき知識・技術や理論
・ALS について（症状，治療や介護について）
・欲求階層説（第6章参照）　　　　　　　　・QOL（第6章参照）
・ストレングス（第6章参照）
・ナラティブ・アプローチ（第6章参照）　　・医療的ケアの技術
②生活機能と生活支援技術
Mさんの「健康状態や心身機能の状態」に関して知っておくべきことや，生活支援技術で必要なことを考えてみましょう。

（2）注目してほしい点
・心身ともに快適な状態を支援する。
・意思疎通を支援する。

　　　　・生活の広がりを支援する。

　　　　・介護者の負担を軽減する。

　　　　・多職種連携を円滑に行う。

（3）演　　習

　注目する情報を「体の痛みがある」「意思疎通がスムーズに行えていない場面がある」とします。これを中心にして，下記の演習を行ってみましょう。

　　　　・第2章の「表2-2「活動」「参加」の事実に関連するプラス面とマイナス面の情報」（49ページ）を使い，情報を整理する。

　　　　・ICFの「生活機能モデル」（p.172）を使い，情報の関連性を検討する。

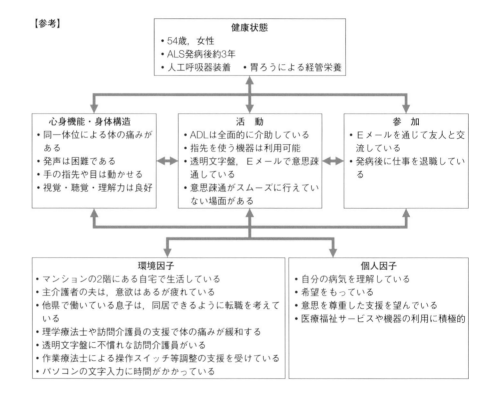

【参考】

健康状態
- 54歳，女性
- ALS発病後約3年
- 人工呼吸器装着　・胃ろうによる経管栄養

心身機能・身体構造
- 同一体位による体の痛みがある
- 発声は困難である
- 手の指先や目は動かせる
- 視覚・聴覚・理解力は良好

活　動
- ADLは全面的に介助している
- 指先を使う機器は利用可能
- 透明文字盤，Eメールで意思疎通している
- 意思疎通がスムーズに行えていない場面がある

参　加
- Eメールを通じて友人と交流している
- 発病後に仕事を退職している

環境因子
- マンションの2階にある自宅で生活している
- 主介護者の夫は，意欲はあるが疲れている
- 他県で働いている息子は，同居できるように転職を考えている
- 理学療法士や訪問介護員の支援で体の痛みが緩和する
- 透明文字盤に不慣れな訪問介護員がいる
- 作業療法士による操作スイッチ等調整の支援を受けている
- パソコンの文字入力に時間がかかっている

個人因子
- 自分の病気を理解している
- 希望をもっている
- 意思を尊重した支援を望んでいる
- 医療福祉サービスや機器の利用に積極的

巻末に，「アセスメント」「介護計画」の参考資料があります。（pp.160 ～ 161）

<table>
<tr><td>演習
事例
4</td><td>居室で過ごすことを好む
レビー小体型認知症のあるNさん</td></tr>
</table>

＊介護過程の展開のポイント：

活動・参加/健康の維持/生活の質/マズローの欲求階層説

1　事 例 紹 介

（1）プロフィール

> 氏名：Nさん　年齢：83歳　性別：男性
>
> 要介護認定：要介護4，障害高齢者の日常生活自立度：E2，
>
> 認知症高齢者の日常生活自立度：ⅡE
>
> 家族：妻と二人暮らし。子ども2人（長女家族は海外在住。長男は単身，多忙）。
>
> 　3年前（80歳），レビー小体型認知症と診断された。2年前（81歳），うす暗い夕方に幻視（人が見えた）を追いかけて玄関で転倒し，左大腿骨頸部骨折。リハビリテーション病院，介護老人保健施設を経て，1年前（82歳）にX特別養護老人ホームに入所した。
>
> 　Nさんは，ラジオを聴きながら居室のベッドで寝て過ごすことを好み，食事や入浴以外に関心が向かない。最近は，認知機能の低下，移動機能や嚥下機能の低下がある。生活範囲が狭く不活発傾向にあるが，施設内の売店や喫茶を利用すること，食事を楽しみにしている。
>
> 　現在の介護目標：ADLの現状維持（低下の防止）を図り，日常生活での楽しみを継続できる。

①　生 活 歴

関西地方のY県で，4人きょうだいの第3子として出生。父は祖父と共に製造業を営み，母は専業主婦をしていた。近所の川や森で活発に遊ぶ生活を送った。高校卒業後に上京し，製造業の工場に就職。そこで，妻と出会い結婚。子どもは2人生まれた。営業部長の役職で65歳で定年を迎える。退職後は，妻を誘い，国内旅行，北米や中欧などの海外旅行にも行った。旅行により，写真が趣味となった。

　2年前（81歳），左大腿骨頸部を骨折。リハビリテーション病院入院後，自宅への退院は妻（現在85歳）が高齢で持病があるため，在宅介護ができないという理由で，介護老人保健施設へ入所した。その後，特別養護老人ホームに入所申請し，1年前（82歳）にX特別養護老人ホームに入居となる。

（2）健康，心身機能・身体状況

80 歳，レビー小体型認知症と診断された。レビー小体型認知症の症状として認知機能の変動，幻視，起立性低血圧，パーキンソン症候群がある。最近は，認知機能の低下，移動機能や嚥下機能の低下がみられる。

認知機能は，日常会話は可能だが，見当識や理解力の変動が大きい。MMSE：22/30 点。言語機能は，言葉が出にくい。話そうとして過緊張になるとさらに出にくくなることがある。

81 歳，左大腿骨頸部骨折。

加齢性難聴により補聴器を使用。大きな声で話せば聞こえる。右耳の方が聞こえがよい。視覚機能は，新聞の見出しが読める程度。

月 1 回，脳神経内科を受診している。内服薬として，朝・夕の食前にツムラ抑肝散（漢方薬，2.5 g），朝食後にアリセプト 3 mg，朝・夕の食後に酸化マグネシウム（0.5 g）を服用している。また，便秘予防に冷たい牛乳やオリゴ糖を毎日摂取し，4 日以上便秘が続く場合は，プルゼニド錠（12 mg）を20 時に頓服している。

5 月 10 日の計測では，身長：167 cm，体重：59 kg であった。バイタルサインは，血圧：98/67 mmHg，脈拍：69 回/分，体温：35.9℃，呼吸：20 回/分であった。

（3）意思表示・意思決定

言葉を発して意思表示することが可能。ただし，理解力の変動が大きい。また，言葉を発しにくいときがある。介護職は，N さんが言葉を発しにくいときは，言い表したい可能性のある言葉をかけたり，言葉が出るまで待つ対応をしている。時には，筆談をすることがある。

日常の意思表示に問題はないが，複雑な手続きや判断を伴う決定には支援を要する。意思決定の際，家族に確認を行うことがある。

（4）ＡＤＬ

・**移動**：室内外ともに介助型車椅子を使用している。調子がよければ，椅子から立ち上がり，机伝いに 1 m くらい進むことができる。低い段差でつまずきやすく，トイレなど方向転換が必要な場面でバランスを崩しやすい。

・**移乗**：一部介助でしている。

・**起居動作**：起立性低血圧があるため，急な動作で介助しないようにしている。特殊寝台（3 モータータイプ）を使用している。

起き上がり，座位保持は見守り・声かけでしている。起き上がりは，ベッドのサイドレールにつかまり，介護職が背中を支えてゆっくり起き上がる。つかむ力が弱く支えが必要。座位保持は支えがあれば可能だが，20 分程度経つと，身体が左右に傾斜する。クッション等を挟み，座位を安定させ

ている。

立ち上がり，立位保持は一部介助でしている。立ち上がりは，時間はかかるが，支えがあれば自分で行う意欲がある。ふらつきがあるため，見守りが必要。

・**食事**：ダイニングキッチンで，スプーンとフォークを使用して自分で食べている。座面回転椅子（商品名：ピタットチェア EX。座面が回転，座面が前後にスライドする。右写真）を使用しているが，20分くらいで身体が左右に傾斜するため，クッション等を挟み，座位を安定させている。手の振戦が強いときは一部介助を要する。

主食は粥。副食は軟らかめで，一口刻みの形態である。主食，副食とも 8 ～ 9 割を摂取している。周囲の動きを見ていて食事が進まないことや，疲れから集中できないことがある。

この 1 か月間で嚥下機能低下が進み，刻み食を試行中である。誤嚥予防のため「交互食べ」（汁物と食事を交互に食べる）をすすめている。総義歯を使用している。

・**排泄**：尿意・便意はあるが，動作が間に合わないことが多いため，尿失禁がある。日中はリハビリパンツを着用しトイレ（右写真）で排泄，夜間はおむつを使用している。排泄行為は，一部介助でしている。排尿は 7 ～ 8 回/日，排便は 1 回/2 日。

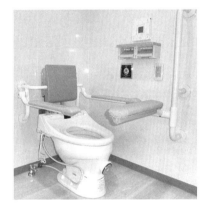

・**清潔・整容**：機械浴（車椅子浴）やシャワー浴である。疲れると身体が左右に傾斜するため，ひじ掛け付きのシャワーチェアを使用している。身体の前面は自分で洗えるが，背中と洗髪は介助を要する。

歯磨き・洗顔，爪切りは全介助でしている。整髪は自分の手で整え，髭剃り（電気シェーバー使用）は自分でしている。洗顔は，調子のよいときは洗面台に寄りかかり，自分で行えることがある。夕方以降に介助を要することが多い。

・**更衣**：つかむ力が弱いが，上衣は，時間をかければ自分で着替えられる。下衣は，上まであげられないので，一部介助を要する。

（5）日 常 生 活

ラジオを聴きながら居室のベッドで寝て過ごすことが多い（次頁写真）。

ボランティアによる散歩活動があるが，暑さや寒さ，面倒臭さを理由に参加したがらない。施設内の売店や喫茶を利用している。

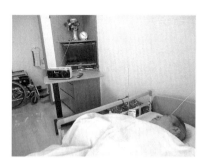

- **買い物**：売店で購入している。売店に売っていないものは，本人が家族か職員に依頼している。

- **衣類の管理・選択**：衣類は自分で選ぶことができるが，あまり関心がないため，職員に選んでもらいたがる。

- **医薬品・金銭管理**：医薬品管理は施設の看護職が行っている。金銭は家族が管理している。本人は小遣い程度は持っている。

	1日の過ごし方（5月10日）		飲水（mL）	排泄	1週間の過ごし方
午前	6：30 8：00-8：30 9：30 11：00	起床 朝食 リビングで車椅子に座って過ごす 居室のベッドで横になることを希望する ベッドで，興味のあるテレビ番組には目をあけている	みそ汁 150，お茶 150 牛乳 150（オリゴ糖入り）	○ ○	
午後	12：00-12：30 12：40 14：00 15：00 15：15 15：50 17：30-18：00 19：00 20：00 21：30	昼食 居室に戻る。ラジオを聴きながら，ベッドで寝ている トイレに移動し，排尿 おやつのため離床 介護職に誘われて，喫茶に行く ベッドで横になることを希望する 夕食 リビングで車椅子に座って過ごす 居室のベッドで横になることを希望する ラジオを聴きながら過ごす おむつを使用 入眠している	スープ 100，お茶 150 牛乳 150（オリゴ糖入り） コーヒー 200 みそ汁 100，お茶 150 水	 ○ ○ ○	入浴は火曜日と金曜日の週2回（午前中） 水曜日は，ボランティアによる散歩活動がある 家族の面会が2週間に1回～月1回程度ある
	0：00 4：00	尿意を訴える 眠気が強いため，おむつに排尿し，おむつ交換 尿意を訴える トイレに移動し，排尿	水	○ ○	

(6) 参加，役割，趣味

ラジオを聴いている。行事活動やボランティアによる散歩活動は，「早く部屋に帰りたい」とすぐに引き上げる傾向がある。施設内の売店や喫茶を利用することを楽しみにしている。

体力的な限界から，日常生活動作（起居動作・排泄や衣類着脱に伴う動作・

食堂への移動等）を継続することがリハビリテーションとなっている。

（7）信仰，価値観

　特定の宗教はない。寺に，親から引き継いだ墓をもっている。夫は外で働いて，妻は家庭を支えるという考え方で長年いたが，自分が思うように動けなくなってから，妻に負担をかけて申し訳ないという想い・感情を抱くようになった。

（8）生　活　環　境

　長年住んできた場所の隣市の施設のため，生活圏域が異なる。

　ユニット型個室の特別養護老人ホームに居住。トイレには手すりがある。浴室は，リフト浴，臥位式浴槽ともに設置されている。施設内に売店や喫茶コーナーがある（下写真）。

（9）人　的　環　境

　介護職員が1ユニットに日中は1〜3人，夜間は1.5人/ユニット常駐している。

本事例は，巻末に「アセスメント」「介護計画」の参考資料はありません。
今までの学習を活かして，介護過程の展開を行ってください。

演習資料

第5章　事例：Jさんの資料

付章　事例1：Kさんの資料

付章　事例2：Lさんの資料

付章　事例3：Mさんの資料

第5章　事例：Jさんの資料

■Ⅰ　情報収集シート（1）

記入者：

利用者氏名	： J	性別： 男 **(女)**	生年月日： XX 年 9月 10日 （ 81 歳）

現在の介護目標：	居宅サービス計画書における現在の「総合的な援助の方針」は、「本人のペースに合わせ、快適で安心した日常生活が送れるように援助する。」である。

Ⅰ．生活・くらし

ある日の1日の過ごし方　　XX 年　3月 2日（ △ ）

時刻	内容	食事量	飲水量(ml)	排泄
6	6:00 起床　6:30他入居者とテーブル拭き, 食器並べ			
7	朝食, 後片付け（食器洗いの手伝い）		300	尿
8		10割		
9	掃除（職員とベッド周りの整理）			
10	ティータイム(リビングでコーヒーを飲む)10:30健康チェック		180	尿
11	体操:「北国の春」体操, 昼食準備の手伝い			
12	昼食, 後片付け（食器洗いの手伝い）	10割	250	
13				尿(失禁)
14	14:30 趣味活動(リビングでレクに参加)			
15	ティータイム:リビングでお茶を飲む		200	
16	リビングで過ごす			尿
17	17:30 準備(他入居者とテーブル拭き, 食器並べ)	10割		
18	夕食, 後片付け（食器洗いの手伝い）		250	
19	くつろぎの時間, 就寝の準備			
20				尿
21	消灯, 就寝			
22	他の入居者の部屋をのぞいたり, リビングと居室			
23	を往復するなど落ち着かないことがある			
24	睡眠			
1				
2				
3				尿(失禁)
4				尿
5				

〈情報源〉　私の願い・思い, 言動

1週間の過ごし方	月間や年間の予定
月　入浴	1月:書初め, 初詣
火	2月:豆まき
	3月:桃の節句民謡
	4月:花壇整備
	5月:母の日の食事
水　買い物外出	6月:父の日の食事
	7月:バーベキュー
	8月:花火大会
木　入浴	9月:創作展
	10月:ショッピング
	11月:紅葉狩り
金　医師の診察	12月:バイキング
土　ドライブ	
日　ドライブ	

〈情報源〉　私の願い・思い, 言動

		情報源	私の状況, していること	私の願い・思い, 言動	支援の現状
2 くらし	① 食事の準備 調理 食材の管理	○	職員がを言葉をかけると手際よくテーブルを拭いたり, 食器を並べる。		
	② 衣類の管理 衣類の選択	○	衣類は職員の言葉がけにより自ら選ぶ。		洗濯は職員が行っている。
	③ 洗濯 掃除・整頓	○	洗濯はしていない。 1週間に1回, 職員と一緒に居室に掃除機をかける。		日常の金銭・服薬の管理は職員が行っている。
	④ 医薬品・ 金銭管理	○	していない。		
	⑤ 買い物	○	買い物外出の時に, お菓子や日用品を購入することがある。それ以外は, 長男夫婦が用意している。		
	⑥ 外出方法 外出先	○	買い物外出やドライブなどの行事には, 積極的に参加している。		
3 楽しみ・習慣	① 趣味 楽しみ 好きなこと 特技	○	動物好きで, 家では犬を飼っていた。 民謡が好きで, 手拍子に合わせて楽しそうに歌う。 外出好きである。	「私, わんちゃん大好きなのよ」と嬉しそうに話し, 施設で飼っている犬が近づくと, 喜んで抱っこしている姿がよく見られる。	
	② 生活習慣		情報なし		
4 参加・役割	① 様々な機 会・場での 参加, 役割	○◎	職員が言葉をかけると手際よくテーブルを拭いたり, 食器を並べる。 衣類を職員と他入居者と一緒にたたみ, たんすにしまう。 1週間に1回, 職員と一緒に居室に掃除機をかける。	手伝いをしているときは, 表情は明るく活気がある。	職員が言葉をかけている。
	② 仕事（就労）	○	（仕事はしていない。）		

【情報源】　◎ 利用者本人　○ 記入者の観察　△ 記録　▲ 職員　□ 家族

Ⅱ. 生活・人生の個人的背景

		情報源	
5	生活歴	△	高校を卒業後，役場に勤務し事務を行っていた。25歳で結婚し，専業主婦となる。一男一女が生まれた。 10年前に夫を病気で亡くして一人暮らしとなったため，長男夫婦と同居した。 5年前（76歳）から物忘れが目立つようになり，4年前にHDS-R：17／30点などからアルツハイマー型認知症と診断された。 その後，徐々に炊事や買い物も行わなくなり，電話の伝言や服薬管理も困難となっていった。 3年前よりデイサービス（週2回）とショートステイ（月1回）を使っていたが，1か月前にグループホームに入居した。
6	現在利用中のサービス	△	グループホームに入居中（入居期間は1か月）。
7	サービス利用の理由	△	認知症の症状の進行とADLに支障をきたす場面が多くなったため，グループホームに入居。
8	意欲や関心性格対処法	△	職員があわただしく動いていると，「何かやりましょうか？」と言う。 家族思いで温和，几帳面できれい好き，寂しがりや，心配性。
9	信仰価値観	△	情報なし
10	経済状況	△	年金受給（約7万円／月）のほか，預貯金があり，現在の生活には困っていない。

Ⅲ. 環 境

		情報源		ジェノグラム（家族図），エコマップなど
11	家族や知人・友人の願い・思いなど		情報なし	
12	人的環境周囲の人との関係	○	同市内にいる長男夫婦や孫が，週2回交代で面会に来ることをとても楽しみにしている。 長男夫婦と孫，娘は他県で生活している。 長女は結婚して他県に居住している 食事の席が近い入居者と会話をしている。	
13	生活環境 （地域環境，居住環境，プライバシーへの配慮など）	○	居室は個室。 家族がＪさんと一緒に整理整頓を行っているので，部屋は片付いている。 1週間に1回，職員と一緒に居室に掃除機をかける。	地域環境，よく過ごす場所，居室など
14	転倒や危険性のある場所		情報なし	
15	現在使用している日常生活用具，補装具（福祉用具）	○	杖 サイドレール	
16	利用可能な制度，社会資源		情報なし	

■Ⅰ　情報収集シート（2）

記入者：

Ⅳ. 健康・心身の状況

		情報源		
17 健康・心身の状況	① 認定区分	△	【要介護度】要支援 1・2 ／ 要介護 1・2・③・4・5　　　　【障害支援区分】1・2・3・4・5・6	
	② 日常生活自立度	△	認知症高齢者の日常生活自立度　　　　　　Ⅰ　Ⅱa　Ⅱb　Ⅲa　Ⅲb　Ⅳ　M 障害高齢者の日常生活自立度　　　　J1　J2　A1　A2　B1　B2　C1　C2	
	③ 認知機能評価	△	□ MMSE（　　　）／30点　　　　□ HDS-R（　12　）／30点（改訂長谷川式簡易知能評価スケール）	
	④ 既往歴			
	⑤ 現在の主な疾病や障害		68歳　変形性膝関節症 68歳　骨粗鬆症 77歳　アルツハイマー型認知症 　　　便秘	
	⑥ 麻痺 拘縮 不随運動 呼吸障害 皮膚状態 褥瘡 など	△	麻痺や拘縮はない。 変形性膝関節症のため, 立ち上がりや歩行時に膝の痛みがある。	変形性膝関節症のため, 立ち上がりや歩行時に膝の痛みがある。
	⑦ 視覚 聴覚	△	視覚 　視力が低下し, 眼鏡を使用している。	聴覚 聴力は問題ない。
	⑧ 知的・認知機能 （理解力・記憶力, 失語や失行など）		記憶障害, 見当識障害がある。 理解力・判断力の低下がみられる。 時々, 食事をしたことを忘れることがあり, 職員に確認している。	
	⑨ 現在の受診・薬	△	受診	薬・治療 アリセプトD錠（5mg）：アルツハイマー型認知症の治療薬として1日1回内服。 アルファロールカプセル（1μg）骨粗鬆症の治療薬として1日1回内服。 湿布：立ち上がりや歩行時, 膝の痛みが強い時に貼付。 プルセニド（12mg）：3日以上排便がない場合に内服。
	⑩ 睡眠・休息	△	眠るまでに時間がかかり, 他入居者の部屋をのぞいたり, リビングと居室を往復するなど落ち着かないことがある。睡眠時間は8時間。	
	⑪ リハビリテーションの内容		情報なし	
	⑫ 身長・体重	△	158　cm　　　　48　kg（　　年 3 月 4 日）　　　　　BMI：19.2	
	⑬ バイタルサイン	△	BP= 126 ／72　mmHg　　P= 72　回/分　　BT= 35.7　℃　　R= 17　回/分　　（3 月 4 日）	

Ⅴ. コミュニケーションと意思決定

		情報源	私の状況, していること	私の願い・思い, 言動	支援の現状
18 コミュニケーションと意思決定	① 意思疎通 （言語・非言語の理解, 表出）	○	構音は正常で発話は流暢。		話のつじつまが合わない場面では, 職員が会話の橋渡しをしている。
		○	話の内容をシンプルに, ゆっくり話すと, Jさんは理解しているようだ。		
	② 用具の使用	○	眼鏡を使用している。		職員が伝えたいことがあるときは, 話の内容をシンプルにして伝えている。
	③ 日常の意思決定の方法	○	ひとつの動作が終わると次に何をしたらよいのかわからなくなる。		
		○◎	職員に「どうしたらいいの？」とたずねることがある。		

【情報源】◎ 利用者本人　○ 記入者の観察　△ 記録　▲ 職員　□ 家族

Ⅵ. 日常生活行為

		情報源		私の状況, していること	私の願い・思い, 言動	支援の現状
19 移動・移乗	① 移動	○	手段	□ 独歩　　□ シルバーカー　　☑ 杖　　□ 歩行器 □ 車椅子　（　□ 普通型　　□ リクライニング型 　　　　　　　□ 介助型　　□ 電動　　　　　）		
		○	方法	上記の手段に対して ①. 自立　　2. 見守り・声かけ　　3. 一部介助　　4. 全介助		
	② 移乗	○	方法	①. 自立　　2. 見守り・声かけ　　3. 一部介助　　4. 全介助		
				手すりや椅子などにつかまりながら行っている。		
	③ 起居動作	○	寝返り 起き上がり 座位保持 立ち上がり 立位保持	①. 自立　　2. 見守り・声かけ　　3. 一部介助　　4. 全介助 ①. 自立　　2. 見守り・声かけ　　3. 一部介助　　4. 全介助 1. 自立　　2. 見守り・声かけ　　3. 一部介助　　4. 全介助 1. 自立　　2. 見守り・声かけ　　3. 一部介助　　4. 全介助 1. 自立　　2. 見守り・声かけ　　3. 一部介助　　4. 全介助		
		○		寝返り, 起き上がりの際はサイドレールを使用している。立ち上がりや歩行時は膝の痛みがあるが安定した歩行姿勢である。		
20 食事	① 食事場所	○	場所	リビングルーム。		
		○	用具	箸を使って自分で摂取している。		
	② 姿勢（保持）	○		安定している。		
	③ 食事の内容	○	形態	主食　　　：　　　　普通 副食　　　：　　　　普通 トロミ　　：　　　　有　　⦅無⦆		
		○	方法	①. 自立　　2. 見守り・声かけ　　3. 一部介助　　4. 全介助	食事の時間を心待ちにしている。	
		○	食事量 水分量	食事量　　　　　　　　　　水分量 全量摂取　　　　　　　　 1180ml		
	④ 食事の状況	○	食欲	ある。		
		○	食事時の集中力	同じテーブルの他入居者と会話しながらも集中して摂取している。		
		○	咀嚼力	問題ない。		
		○	むせ嚥下障害	問題ない。		
	⑤ 口腔内の状態	○	義歯	☑ 有　（　☑ 上　　☑ 下　）　　□ 無		
			他			

■ Ⅰ 情報収集シート（3）

記入者：

		情報源		私の状況，していること		私の願い・思い，言動	支援の現状
21 排泄	① 尿意 便意	○	尿意	(有) ・ 無		尿失禁があると「ごめんなさい」と言い，困ったような表情をしている。	トイレの場所がわからないとき，職員の言葉がけ・誘導で移動している。 排便時は拭き取りが不十分なときは，職員が確認してリハビリパンツの交換をしている。
			便意	(有) ・ 無			
	② 失禁の 有無	○	尿失禁	(有) ・ 無			
			便失禁	有 ・ 無			
			時々尿失禁する。				
	③ 排泄 方法	○	日中	☑トイレ □ポータブルトイレ □オムツ □差し込み便器 □留置カテーテル □導尿			
			夜間	☑トイレ □ポータブルトイレ □オムツ □差し込み便器 □留置カテーテル □導尿			
			下着 オムツ等	□布パンツ ☑リハパンツ □パット □オムツ □他（　　　　　　　）			
	④ 排泄 行為	○	排尿	1. 自立　②. 見守り・声かけ　3. 一部介助　4. 全介助			
			排便	1. 自立　2. 見守り・声かけ　③. 一部介助　4. 全介助			
	⑤ 回数	○	排尿	6～7　回／1 日			
		○	排便	1　回／2～3 日			
22 清潔・整容	① 清潔 方法	○	1. 個浴　②. 一般浴　3. 機械浴（　　　） 4. シャワー浴　5. 清拭　6. 他（　　　）				洗面用具一式は職員が準備する。
	② 清潔時 の状況	○	浴槽出入り	1. 自立　2. 見守り・声かけ　3. 一部介助　4. 全介助			
			姿勢保持	情報なし。			
	③ 洗身 洗髪	○	洗身	1. 自立　2. 見守り・声かけ　③. 一部介助　4. 全介助			
			洗髪	1. 自立　2. 見守り・声かけ　③. 一部介助　4. 全介助			
			職員の言葉がけで自分で洗うことができるが，背中など手の届かないところは一部介助で洗う。				
	④ 口腔 清潔	○	歯磨き	①. 自立　2. 見守り・声かけ　3. 一部介助　4. 全介助			
	⑤ 身だし なみ	○	洗顔	①. 自立　2. 見守り・声かけ　3. 一部介助　4. 全介助			
			整髪	①. 自立　2. 見守り・声かけ　3. 一部介助　4. 全介助			
			髭剃り，化粧	1. 自立　2. 見守り・声かけ　3. 一部介助　4. 全介助			
			爪切り	1. 自立　2. 見守り・声かけ　3. 一部介助　④. 全介助			
23 更衣	① 着脱	○	上衣	1. 自立　②. 見守り・声かけ　3. 一部介助　4. 全介助		「自分で着替えたい」	
			下衣	1. 自立　②. 見守り・声かけ　3. 一部介助　4. 全介助			
	② 他	◎○	着る順番や方法を伝えると，自分で着替えることができるが，動作に時間を要する。				

【情報源】　◎ 利用者本人　○ 記入者の観察　△ 記録　▲ 職員　□ 家族

Ⅶ．設定項目以外の情報

	情報源	かかわりで得られた情報で，1-23以外の内容があれば記述する
24 設定項目以外の情報	○	夜は人がそばにいると安心した様子を見せる。
	◎○	夕方に窓の外を眺め「家に帰りたい」と話すことがある。
	○	不安そうな場面では，職員が会話したり，背中をさすったり手を握ると落ち着く。
	◎○	リビングで一人になると「何をしたらいいですか」とたずねる。
	○	ひとつひとつの動作に言葉がけをすると安心し，次の動作に移ることができる。
	◎○	職員があわただしく動いていると，「何かやりましょうか？」と言う。
	○	他入居者とは食事や洗濯たたみの時に会話するが，それ以外は一人で過ごすことが多い。

生活の様子や1-24について，絵や図で自由に表現してもよい

夕方に窓の外をながめ，「家に帰りたい」と
話すことがある。
一人で過ごすことが多い。

安定した姿勢で杖歩行をしている。
トイレの場所が分からないことがある。

81歳。
ひとつひとつの動作に言
葉がけをすると安心し，
次の動作に移ることがで
きる。

手伝いをしている時は表
情が明るく活気がある。

私，わんちゃん
大好きなのよ。

施設で飼っている犬が近づく
と，喜んで抱っこしている。

■Ⅱ アセスメントシート

記入者：　　　　　　　　　　　　　　　（　　　　年　　月　　日）

注目する情報	情報の分析・解釈		統合・判断	生活課題
	現在の生活の全体像	「注目する情報」に対する分析・解釈		

現在の生活の全体像

1～4．6．12．15．17～20．24．
81歳、女性。要介護3、12か月前にグループホームに入居。アルツハイマー型認知症のため短期記憶障害がある。理解力や判断力が低下しているが、ゆっくりとしたシンプルな会話であれば理解できる。障害高齢者の日常生活自立度はAⅠでおおむね自立している。変形性膝関節症、骨粗鬆症、便秘がある。ひとつひとつの動作に時間を要するが何とか一人で立ち上がり、杖などを使って移動できる。
活動面は、杖で移動できる。食事は自力で全量摂取している。参加は、買い物やドライブなど行事に積極的である。大が好きで並べたり、自分で全量摂取している。大が好きで、施設で飼っているなどと喜んで抱っこしている。家族の面会時には居室の整理整頓などを一緒に行う。
本人の願いや思いは、外出好きなことと、夕方になると不安が強くなることから、夕方になると家に帰りたいと思っているのではないかと思われる。

「注目する情報」に対する分析・解釈

① 5. 17. 19. 21. 23. 24.
尿意・便意はある。日中・夜間ともにトイレで排泄をしているが、時々、尿失禁がある。トイレの場所がわからないときは、職員の言葉かけ・誘導で移動している。おもらしがないように伝えたり言葉がけで移動できるのは本人の強みである。
尿失禁の原因は、認知症による記憶障害でトイレの場所や、着脱の動作に時間を要したりが原因ではないかと推測される。

② 1. 2. 3. 17. 19.
水曜日に買い物外出、土・日曜にドライブをしており、買い物外出やドライブなどの行事に積極的に参加している。本人の意識は変わらないが、観察からは外出好きという本人の性格、買い物好きや社交性が行事へ参加する理由である。買い物などの行事に積極的に参加しているのは、膝の痛みなどがあっても行事参加のために歩行時や立ち上がり時にも歩行できるため、このような状況は本人の活動の促進要因である。現在の状況は活動が継続できることは、楽しみを得る機会や、活動・参加の促進が望ましい。

③ 1～4. 6. 12. 17. 18. 24.
入居し、12か月であるが、一人で過ごすことが多い。行事外出時など、他入居者との交流、行事外出時や体操の時間、趣味活動やティータイム、食事前後などの手伝いなどに支障はないと思われる。ただし、一人で過ごすことが多い理由は、入居して1か月であることから新しい環境に慣れないこと、認知機能障害により他者との会話に支障がないこと、聴力も問題ない。しかし、つじつまが合わないときに職員と交わす言葉により大好きな活動を支援したり、内容をシンプルにして楽しく過ごせるような工夫が必要である。先述したプラスの手伝いを取り入れることで、コミュニケーション支援や、大好きなことを支援することになるのではないか。

④ 1. 6. 8. 17. 18. 24.
夕方になると不安が強くなる傾向があり、一人になると何かをしたいと言う。「家に帰りたい」と言う。これらは、寂しがりや夕方になどと行ったのか？とおそれまたは、「家に帰りたい」とおそれまたは、認知機能障害など影響しているのではないかと推測される。環境の変化など、認知症による環境変化など、職員が会話する中で夜は眠るまでに時間がかかり、夜は眠るまでに時間がかかることから、昼間を落ち着くなどと着くことから、特に夜は安心感が持てるために着くことから、特に夜は安心感が持てる。

注目する情報（抜粋）

② 21. 尿意・便意はある。日中・夜間ともにトイレで排泄をしているが、時々、尿失禁がある。トイレの場所がわからないときは、職員の言葉かけ・誘導で移動している。おもらしがないように伝えることで移動できる。

② 22. 買い物やドライブなどの行事には積極的に参加している

③ 24. 一人で過ごすことが多い

④ 24. 夕方になると「家に帰りたい」と言う

統合・判断

1) 分析・解釈を踏まえ、予測される状態、望まれる状態、支援の必要性を検討する
2) 1)を踏まえ、「生活課題」とする場合の取り上げる方向性を決定する
3) 2)を踏まえ、「生活課題」とする場合は、生活課題に対する介護の方向性を判断する

1
①より
尿失禁に対して本人は困ったような表情をしていることから、尿失禁が不快な気持ちや自尊心の低下をもたらす可能性がある。また、尿意・便意があるにもかかわらず、尿失禁があるのは、本人の能力を活用できていない可能性がある。
快適で移動が可能なこと、動作に時間を要するが職員のタイミングよいトイレ誘導などの場合があることから、適切なタイミングのトイレ誘導などができることから、尿失禁の病がわかるようなエ夫を行える。
・水分摂取量、排泄回数の記録をとる。
・上記を踏まえ、適切な場合は、下記のような支援を行う。
・尿失禁が言葉がけ・誘導のタイミングを検討する。
・トイレ入り口に目印となるものをつける。
介護の方向性は、排泄時の適切な言葉かけ・誘導を行う。

2
②③より
会話の橋渡しや、内容をシンプルにして伝える発言や、職員が会話の仲介的な支援を行う。そして、好きなことや片付けなど、食事の準備、片付けなど、今までできたことを継続できることは大切であるため、買い物やドライブなどの行事参加、好きなことを取り入れた活動を行う。生活の満足感や、本人の過ごし方の工夫を行える。そのため、民謡などを大好きであることから、より望ましい生活を送れるのではないかと思われる。そして、1日の中では、手際よく食事の準備を行うことや、衣類などを着脱する機会をつくる。以上より、他入居者とコミュニケーションをとる機会、活動・参加の場面を維持・継続できることを生活課題として取り上げる。しかし、一人になると「何をしたらいいですか？」とたずねることから、過ごし方の工夫が必要がある。
介護の方向性は、他入居者とのコミュニケーション場面で、職員が会話の仲介的な支援を行う。
・食事の準備、片付け時に、ちんができる役割を実現する。
・買い物やドライブなどの行事参加、民謡やカラオケなど、好きなことを取り入れた活動を行う。

3
④より
夕方以降に不安感が強くなるという発言、「家に帰りたい」という発言があることから、不安感の軽減が必要と思われる。また、不安感の誘因はB症であることから、夕方から夜までの過ごし方や、職員のかかわりが必要である。PSDの誘発要因はBと思われることから、夕方から寝るまでの過ごし方や、職員のかかわりが必要である。夕方から夜間、安心して過ごせることを生活課題として取り上げる。
・夕食後、夕食前後の水分補給を始める。
・20時、寝る前の不安感が強いときは、自尊心を高め、一緒に職員と一緒に散歩する時間をつくる。
介護の方向性は、下記のような支援を行う。3の優先順位を高くし、改善のため、2を2位とする。

生活課題

3.
尿失禁を減らしたい

2.
他入居者とのコミュニケーションや、好きな活動の時間を増やしたい

1.
夕方から夜間に不安感が強い

※安心して気持ちよく生活できることは大切であるため、3の優先順位を高くし、活動・参加に関する生活課題、改善に関する生活課題を位置付ける。

BPSD：認知症の行動・心理症状

■Ⅲ　介護計画

記入者：　　　　　　　　　　　　　　期間（ XX 年3月15日～ XX 年9月15日）　（　　年　月　日）

長期目標： 他者との交流や活動を通じて、グループホームでの生活に慣れ、安心した気持ちで生活できる

生活課題	短期目標（月～月）	月日	具体的計画	月日	実施	月日	評価
1. 夕方から夜間に不安感が強い	夕方から夜間までの時間、穏やかに過ごすことができる（3/15～4/15）	3/15	① 夕食後（くつろぐ時間）は、他入居者数人と一緒に過ごすように言葉をかける。 ② 20時頃、寝る前の水分補給を兼ねて、白湯を職員と一緒に飲む時間をつくる。 ③ 20時以降は、リビングの照明をやや暗めに設定して、リラックスできる環境にする。 ④ 就寝前に尿意・便意を確認する。 ⑤ 不安が強いときは、職員が近くに付き添う。 ⑥ 不安感が強くなるときのJさんの周囲の環境や、Jさんの様子を観察する。	3/16 3/20 3/30 4/5	①⑤⑥ 夕食後の食器洗いを終えた後、リビングで数人の入居者と一緒に過ごす。（記録:X） ③⑥ 夕方、近くにいた職員に「どうしたらいいですか」とそわそわした表情で尋ねることが多かった。その時は、Jさんの背中をさすったり手を握り、安心するまで付き添った。（記録:Y） ③⑤ リビングの照明をやや暗くしてリラックスできる環境を確認する。その後、居室でトイレに付き添う。（記録:X） ④ 20時、Aさんがリビングで、職員と一緒に過ごす。（記録:Y）	4/15	他の入居者や職員との交わりにより、夕方から落ち着いて過ごせた。（記録:X）
2. 他入居者とのコミュニケーションや、好きな活動の時間を増やしたい	1）他の入居者とのコミュニケーションが増える（3/15～5/15） 2）好きな活動の時間を持つことができる（3/15～5/15）	3/15 3/15	① Jさんが落ち着いて会話できる環境を整える。 ② 同じ話を繰り返す場合や、つじつまが合わない状況のときは、職員が付き合う。 ③ 入居者間の様子に興味を示す。 ① 食事の準備、片付け時に、テーブル拭き、食器並べ、食器洗いが行えるように言葉をかける。 ② 買い物やドライブなどの行事に参加する。 ③ 趣味活動の時間に、民謡を歌う機会を設ける。 ④ 職員と一緒に、午後8時に大阪の散歩に行く。	3/18 4/1 3/17 3/20 4/1 4/5 5/5	①② Jさんが民謡を歌うと、Jさんが手拍子をして楽しそうな表情をする。（記録:Z） ③ 職員が声をかけた後は、Jさんは自分から積極的に他入居者と話しかけることはなかったが、周囲の状況に合わせて反応していた。（記録:Y） ① 趣味活動の時間に、民謡を歌う機会を設けた。Jさんは嬉しそうだった。（記録:Z） ④ 大阪の散歩に誘ったが「足が痛い」から断った。（記録:Z）	5/15 5/15	1）最初は職員と一緒に座って茶を飲む会話の機会をサポートした。（記録:X） 1）Jさん自身のできる活動が増え、好きな活動の時間を持つことができた。（記録:Z）
3. 尿失禁を減らしたい	トイレで排尿できる（3/15～5/15）	3/15	① Jさんの水分出納量、排泄時間や失禁状況、排泄前後の様子等に関する排泄記録をつけて分析する。 ② 尿意をもとに、適切なタイミングを検討する。 ③ 排泄の失敗があったときは精神面への配慮を行う。 ④ トイレの入り口に目印をつける。	3/20 3/24 3/26	④ 3/17、入口の壁面に、円形状にした画用紙に「トイレ」と書いて貼り、Jさんとともに確認した。（記録:Z） ①②③ 排泄記録をつけて1週間目である。うろうろしているときには、トイレの場所を見つけやすいようにした。（記録:Z） ①② 排泄記録を分析した結果、6時、9時、11時半、13時半、16時、18時、20時に排泄していることがわかった。（記録:Z）	5/15	排泄記録をつけて分析したところ、Jさんは6時、9時、11時半、13時半、16時、18時、20時に排尿することが多かった。（記録:X）

付章　事例1：Kさんの資料

■Ⅱ　アセスメントシート

記入者：　　　　　　　　　　　　　　　　　　　（　　年　　月　　日）

情報の分析・解釈		統合（判断）	生活課題
現在の生活の全体像			
2、4、5、8、17、18、19			
86歳女性。認知機能の低下や短期記憶の障害による。小規模多機能型居宅介護事業所を利用。 身体機能は、見当識や短期記憶の障害があり、季節に合わない衣類を着ることがあり、歩行時の下肢筋力の低下により、歩行のバランスが悪く、歩行時には時々介助が必要。簡単な室内歩行は可能。その他、生活動作全般において、腰痛により自発的に動くことをせず、職員の声かけにより自発的である環境の中で自発的に取り組む姿勢がある。			
注目する情報	**「注目する情報」に対する分析・解釈**		
① 24. 腰痛により、活動範囲が狭くなっている	① 1、2、6、7、17、19、24 腰の痛みにより、動きをゆっくりになっているため、訪問リハビリテーションによる生活動作訓練と小規模多機能型居宅介護事業所による活動を促している。特に調理活動をしており、痛みを訴えることもほぼない。 家に一人でいるときには、ベッドで横になっていることが多く、活動範囲が狭く、医師からは、痛みに対しては痛み止めと鎮痛薬の内服とリハビリテーションを推奨されている。痛み止めの薬による活動への参加を増やしている。人との交流や外出の機会が減った、と家族から情報がある。	① ①③より 活動範囲が狭い、活動が少ないことは、日々の疲れにも影響を与え、結果として夜よく眠れないことにつながっている。これらを改善することが、腰痛緩和のための活動が少ないことを要因として腰痛がある。生活課題とする場合は、生活課題に対する介護の方向性を判断する。 腰痛を緩和させる方法として、確実な服薬があげられるが、小規模多機能型居宅介護事業所の支援を継続させるとともに、専門職によるリハビリテーションを継続させる気をもって、本人がやや生活リハビリテーションを継続させる気をもって取り組めるような言動や日常生活全般を関連する課題のため、生活課題とする。 介護の方向性は、具体的には下記が考えられる。 ・腰痛の訴えがあった際には、動くことが大切とそのつど伝えていく ・小規模多機能型居宅介護事業所での調理等の活動への参加 ・訪問リハビリによる自宅内での活動（起居動作やトイレまでの移動、整容、更衣の手続き）	1. 活動を増やして、腰痛を軽減させたい
② 24. 一人暮らしが不安という気持ちがある	② 1、5、17 小規模多機能型居宅介護サービスを利用する前に胃潰瘍で入院したが、そのことを契機に一人暮らしが不安をもらすようになった。「家族に迷惑をかけたくない。このまま一人で暮らせるのが不安だ」と、このままの生活を続けたい、と言っている。また、「一人だと怖い」という理由で家では入浴はしない。これ以上のように自分のことは自分でしたいとのことだが、人との交流や外出は少ない、と家族からの情報がある。	② ①②③より 圧迫骨折による腰痛により活動量が少なくなったこと、他者との生活に対する意欲に否定的な意見を与えていることが考えられる。1日中寝間着で過ごされたり、身体の衣類が着られなくなったり、1日中寝間着で過ごされた。汚れた衣類を着ていることがある。また、見当識障害もみられるため、自宅内でも1日の生活の流れを意識した動作を促すことが必要である。 介護の方向性は、下記が考えられる。 ・訪問時に着替えをするときには、整容（洗顔や整髪）、着替え（寝間着の調整）、言葉がけを行う ・翌日に小規模多機能型居宅介護事業所に通うための荷物の用意	2. 可能なセルフケアを行いたい
③ 1. 17. 昼夜逆転傾向にある	③ 1、5、6、7、8、17 医師より、睡眠導入剤を処方されている。自宅で横になっている時間が多いため、昼間にウトウトしてしまうこともあり、そうしたことが夜間の中途覚醒の原因になっているのかもしれない。小規模多機能型居宅介護事業所の「通い」の日の夜は「よく眠れる」とのことだが、自宅での活動が睡眠につながっているのかもしれない。	③ ②④より 小規模多機能型居宅介護事業所の支援により服薬はできているものの、短期記憶の障害により、服薬の有無を忘れてしまう。本人は、腰痛緩和のための薬の服薬をしていることや、やめていると言っている。薬の有無を心配して不安がある。入院はしたくない。このことから、事業所の有無を心配して不安が生じている状況があることから、この不安が生活意欲にも影響を与えるおそれがある。 介護の方向性は、下記が考えられる。 ・服薬が終わっているかどうか、小規模多機能型居宅介護事業所に「私、薬のんだかしら？」と電話で問い合わせをする（カレンダーへの表記など）	3. 服薬を忘れることがある
④ 2. 17. 18 服薬を忘れてしまう	④ 2、17、18 痛み止めと胃薬を内服しているが、短期記憶の障害があり、服薬したかどうかを忘れてしまい、小規模多機能型居宅介護事業所に「私、薬をのんだかな？」と電話で問い合わせることがよくある。		

■Ⅲ　介護計画

記入者：　　　　　　　　　　　　　　　　　　　　　　　期間（XX年12月1日～XX年5月31日）　　　　　（　　年　　月　　日）

生活課題	短期目標（月/日～月/日）	月日	具体的計画	月日	実施	月日	評価
長期目標	生活のなかでの不安を減らし、社会とのつながりをもった生活が送れる						
1.活動を増やして、腰痛を軽減させたい	週3回、外出ができる（12/1～2/28）	12/1	① 小規模多機能型居宅介護事業所に通う。 ② 腰痛により活動に拒否的な発言があったときには、傾聴するとともに、医師からは、動くことが大切と言われていると、励ましをこめた言葉がけをして行動を促す。	12/30 1/20	①職員が迎えに行くと嬉しそうな表情をする。「待っている」とおっしゃる日もあるが、12月に休んだ日はない。 ②悪い一日は特に腰が痛いらしく、ベッドに寝ている状態で「今日は休みたい」という発言が聞かれた。医師からの話をすることで、しぶしぶ誘導できる場合もできない場合もあった。（省略）	2/28	週3回、事業所に通うことができたので、短期目標を達成できたと言える。 課題目標として、うまく誘導できる職員の誘い方をチームで共有する必要がある（職員の声のトーンや表情、本人が出かける気持ちになるキーワード表…） 活動を増やすことや腰痛を軽減させることは継続的に大切であるため、今後も取り組む必要があるか。
	事業所内で継続的な活動が行える（12/1～2/28）	12/1	① 事業所内では、車椅子は使用せず、シルバーカーで移動する。 ② 個別浴槽を使い入浴し、洗体は自分で行う。 ③ 昼食用のぬか漬けを混ぜる、漬ける、切る、盛り付け。 ④ 体操活動に参加（毎昼食前）。 ⑤ お茶作りへの参加。 ⑥ 翌日のメニューについて、職員の相談を受ける。	12/20 12/25 1/15 1/31	① 5メートル程度の場合、「大丈夫だ」と言い、シルバーカーを使わず、独歩で移動した。その際、痛みは感じていないようだったが、少しふらつく様子がみられた。 ② ゆっくりではあるが自分で行っていた。 ③ 声を出し、積極的に参加する様子がみられた。また、腰かけていた他の利用者にも体操を促す声かけをする主体的な場面もあった。 ④⑤⑥調理の際には、コツを職員に伝えたり、椅子から立ち上がり、自らやってみせていた。笑顔も多く、表情が良く、料理のことで他の利用者とのコミュニケーションが積極的になる場面もみられた。また、自宅でつかいたいメニューがあれば、メモに書き残し、職員に伝えてくれたこともあった。	2/28	【具体的計画】の①〜⑥に対する評価は下記の通りである。 ①本人の行動を広げるためにも考え、動きをやや増やす。シルバーカーの評価をするとともに、他の歩行補助具の相談を作業療法士にしてはどうか。 ②〜⑥は、本人が意欲的になっているので、今後も継続する必要がある。よって、「生活課題「短期目標」具体的計画」の内容を継続して取り組む。
2.可能なセルフケアを行いたい	自宅でも、1日の生活の流れに沿った活動が行える（12/1～2/28）	12/1	① 10時に職員が訪問した時には、リハビリパンツの交換や、寝間着から着替えを行い、職員が整容（洗顔や整髪）、着替えの言葉がけを行ってもらう。 ② Dの訪問時、翌日が通いの日には、事業所で使うもの（タオル・着替え・歯ブラシ・ハンカチなどの準備の言葉がけを行う。 ③ 19時ころ、夜の着替えのための電話をする。際、夜の着替えをするように言葉がけをする。	12/3 12/10 12/11	① 言葉がけをすると、「今さい」、あとでやるから」と拒否的な言葉を示したことがあったが、「間だよ」と言うと、顔を洗いましたりと着替えが言うと、気がついたような表情をして行動に移すことが多かった。 ② 言葉がけをすると、できていないことがほとんどであった。本人に聞くと、何を用意すればよいのかわからなくなっている、との反応だった。 ③ 電話越しの言葉かけではあるが、翌朝に訪問した職員が、寝間着姿の本人を確認することができた。電話をかけると声が聞けてうれしいとの返事がある。（省略）	2/28	【具体的計画】の①〜③に対する評価は下記の通りである。 ①見当識障害があるため、なにをするのかを丁寧に、具体的に伝えていくことが必要なのかもしれない。 ②準備しておくものを口頭でも言われているが、忘れてしまい返している様子。準備するリストの用意を考えたり、本人にとってわかりやすく、一緒に準備することが考えられるか、自立支援の観点から、まずは、リストの用意で可能なのかどうかを試してみる。 ③電話の対応が本人の不安につながっている様子。よって、「生活課題「短期目標」の内容を継続して取り組むが、「具体的計画」については見直しを行う必要がある。
3.服薬を忘れることがある	自宅で確実に服薬できる（12/1～2/28）	12/1	① 10時に職員が訪問し、服薬の声かけ・確認を行う。 ② 服薬が終わったら、薬の内服の有無が終わるよう、本人とともにカレンダーのところまで移動し、○をつける。	12/1 1/20	① 確実に服薬ができている。 ② カレンダーまで移動し、○をつけることができているが、週間に1回程度は事業所の間に合わせ、電話確認してカレンダーのことを伝えると、確認できるため、本人の混乱が少ない様子。（省略）	2/28	短期目標はほぼ達成できたと思われる。 【具体的計画】の②については、本人の混乱や不安の軽減につながると考えられるため、今後も継続的に行うことで日課となる可能性も考えられる。

157 ■

付章 事例2：Lさんの資料

■ II アセスメントシート

記入者：　　　　　（　年　月　日）

注目する情報	「注目する情報」に対する分析・解釈	現在の生活の全体像	統合（判断）	生活課題
		61歳男性。出生時の障害によりアテトーゼ型脳性麻痺、四肢体幹機能障害がある。3歳より施設または病院で生活してから、40歳を過ぎて、地域移行した経緯等を受け、自らの意思で生活することを決意する。15年間の準備期間を経て59歳でアパートでの一人暮らしを始めた。 　身体機能は、脳性麻痺の二次障害により、頸部・腰部・股関節・膝関節、しびれ、緊張等が生じている。意思疎通は、簡単な質問には目線等で意思を示すことはできるが、30分程度の時間を要することもある。すべての日常の生活行為は全介助だが、方法は本人が決めている。起床・就寝時間、生活費、食材購入・献立、衣類の選択、毎日の入浴介助、趣味の写真撮影、選挙の投票等で地域に出ていて決められている。自分の生活を自分で考えていることを大切にしている。	1	1）分析・解釈を踏まえ、予測される状態、望ましい明待できる状態、支援の必要性を検討する 2）1）を踏まえ、「生活課題」として取り上げるかどうかを決定する 3）2）を踏まえ、「生活課題」とする場合は、生活課題に対する介護の方向性を判断する	1. 安全な方法で食事を摂取し、摂取量を維持したい。
17. 嚥下機能が少しずつ進行している	① 1, 3, 17, 18, 20 脳性麻痺による長年の筋緊張、不随意運動があることから、脳性麻痺の二次障害として、頸部・股関節・腰部・膝、二次障害と思われる。また、摂食、嚥下の機能低下も、二次障害の改善に努力がいる。しかし、これらの症状が出現する本人の思い出関する情報はない。現在、これらの症状が今後老いていく過程では。		① ①②③より 摂食、嚥下機能の低下により誤嚥性肺炎や低栄養を招くおそれがある。これは、食べる楽しみを阻害する社会参加している機会を阻害する可能性がある。Lさんは自身の状況について、時間をかければ自分の状況を説明することができるので、食事の種類や量を適切に摂取できるようにする必要がある。	
17, 頸部、腰部、股関節、膝、しびれ等に痛み、しびれ、強い緊張がある	② 1, 17, 18〜23 長年にわたる緊張や不随意運動の影響から、左記のような脳性麻痺の二次障害が出現していることから、また、週1回、服薬治療を受けている。頸部・股関節・腰部・膝、二次障害と思われる。そのため、本人の希望で睡眠時には背状が出現しやすくなっており、同一姿勢が続くと、これらに関する本人の思いは情報はない。		② ②①より 頸部、腰部、股関節、下肢等には痛み、強い緊張といった症状が、しびれていることから、これらが増加のマイナス要因にならないよう、症状の軽減な頸部の保持や関節を行わないよう、他にも関節に負担がかからないよう、体位を保持する際には広い面積で体を受ける必要がある。	2. 頸部、腰部、下肢股関節、下肢等の疼痛症状を和らげたい。
8. 体調に合わせてその日に食べたいことを決めたい	③ 2, 3, 4, 5, 7, 10, 18 重度の障害があるが、施設生活から一転、自分の意思で自分で暮らすことで、地域で暮らすための資金をためるための新たな生活習慣も重ねていることから、15年かけ、計画的な準備のもとでの新たな一人暮らしの重度の介護である重度訪問介護により、その日の状況や利用者と介護者の一対一の介護で、新生活が始まった現在の生活行動をしている。		③ ①②③より 人生の大半を施設で過ごしてきたLさんにとって、地域での自立生活は、詳細な準備を重ねたうえで実現したもの。現在は二次障害の苦痛を抱えていながらも、日々の暮らしを自らの意思で決め、趣味をはじめとする社会参加も実現している。このような意思決定を維持していくことが、Lさんにとって最も大切な考えであり、現在は実現されつつあるが、3はLさんによっては困難になることも考えられる。	3. 日々の暮らしについて、自らの意思で決めた社会参加の意思を増やし、社会参加の機会や増やしたい。
3, 9, 教会礼拝、悪味の写真撮影、選挙の投票などに参加をしている	④ 1, 3, 4, 9 重度訪問介護を利用し、社会参加の機会を確保することができていて、趣味の投票や友人との交流があり、充実感があると思われる。Lさんは、地域を知ることができており、さらに地域のことを知りたいと思っている。現在行われていて、拡大できるために、現在行われているヘルパーのコミュニケーション、本人の体調の維持や二次障害の悪化の予防が欠かせないと思われる。		以上より、1、2、3については既に食べにくい状態で、今後健康状態が悪化することから生活課題としたとから生活課題とした。しびれや痛み等の苦痛が生じていることは、どちらを優先する。優先順位は付けないことが大切である。 ＜介護の方向性＞ ・生活のすべてにおいて、コミュニケーションを工夫し、確実にLさんの意思決定を障害する。 ・改めて、食事摂取が現在の生活の維持に欠かせないことを説明する。そのうえで、Lさんの摂食を維持し、安全に摂取できるような介護を行う。 ・時間をかけてでも、疼痛やしびれを助長する体の使い方をしていないか、注意する。	

■Ⅲ　介護計画

長期目標	脳性麻痺の二次障害の症状の悪化を予防し、自らの意思で地域生活を維持・拡大することができる。		期間	ＸＸ年 １月10日 ～ ＸＸ年 ７月10日
				（　年　月　日）
				記入者：

生活課題	短期目標（月／日～月／日）	月日	具体的計画	月日	実施	月日	評価
1. 安全な方法で食事を摂取し、摂取量を維持したい。	食事をむせずに全量摂取することができる。 （1/10～2/10）	1/10	① Ｌさんに、食事を安全な方法で全量摂取することは、今後の生活の維持に欠かせないことを説明し、理解を得る。 ＜以下、毎食時の介護計画＞ ② 身体的な痛み、しびれ、緊張等の状況で、事前に文字盤を使い体調を確認する。その際は、栄養のバランスよくメニューを確認する。 ③ 調理中 味つけ頃合をさらに確認する。 ④ 調理した食事姿勢に整える。 ⑤ 重度の車椅子に深く座っていることを確認し、足底をフットレスト（フットサポート）に置き、ベルトレスト角度を調整し、安定した首の位置を保つよう介助する。 ⑥ 首から頬にかけての筋肉をほぐす。 ⑦ 摂取量、摂取時間を確認する。	1/13 外出時は外出毎日 2/14	① 1/15 午前中のリラックスしている時間をみはからい、話しかけた。 ② ③ 食事のメニューは今まで通りLさんが選択している。 ② ④ 食事中の顔色、表情、背中や腰の痛みの訴えはない。 ③ ⑤ ⑥ ⑤について文字盤を確認。 ② ⑦ 12ヵ月間、摂取時間をずらすと全量摂取することができた。	2/10	Ｌさんの大切にしている時間と結びつけて、食事摂取の重要性を説明できたことがLさんの理解につながったと考える。 今後、その身体状況に合わせて、むせずに摂取できる方法を、Lさんとともに考えていきたい。
2. 頭部、腰部、股関節、下肢等の痛みやしびれ等の症状を和らげたい	痛みやしびれを軽減することができる。 （1/10～2/10）	1/10	① 安楽な姿勢の保持に努める。 ② 車椅子や安楽枕を使用する。 ③ 移乗時は左側臥位で本人の意向に合わせて体位を調整する。	1/18 2/10 1/16 1/18 1/23	① 排便時・左側臥位で浣腸してからパックアップした。 ② ベッドと車椅子間の移動は、左記の通りに実施した。	2/10	Ｌさんの場合、便器の捕入時に安楽な姿勢を保っていても、移動の都度痛みを訴える。移動前にLさんに目的・方法を説明し同意を得ることが必要である。
3. 日々の暮らしに自分の意思で決め、社会参加の機会を増やしたい	自分の意思を伝えて生活することができる。 （1/10～2/10）	1/10	① 体調、内容に応じたコミュニケーション方法をとり、行いたいことを確認する。 ＜方法＞ ・目線、うなずき、音声、発声、文字盤 ＜留意点＞ 体力が消耗する可能性があるので、同じ方法を検討していく。	毎日	基本的にはLさんに意向を確認し、ゆっくりコミュニケーションをとっている。	2/10	コミュニケーションをとれなかった理由は、ヘルパーに余裕がないからであると、Lさん本位の支援方法を具体的に確認することなどへルパーは常に意識する必要がある。

付章 事例3：Mさんの資料

■Ⅱ アセスメントシート

記入者：　　　　　　（　　　年　　月　　日）

注目する情報	情報の分析・解釈		統合（判断）	生活課題
	現在の生活の全体像	「注目する情報」に対する分析・解釈	1）分析・解釈を踏まえた、予測される状態、望ましい（期待できる）状態。支援の必要性を検討する。 2）1）を踏まえ、「生活課題」として取り上げるかどうかを決定する。 3）2）を踏まえ、「生活課題」とする場合は、生活課題に対する介護の方向性を判断する。	

現在の生活の全体像

4、5、17～22

54歳女性。ALS発症後約3年、人工呼吸器の装着後と胃ろうの造設後、自宅で生活して6か月になる。主介護者は夫までである。身体機能は、体幹や四肢を自分で動かすことは難しいが、手の指先を自分で動かすことはできる。発声は困難だが、目は動かせて表情もある。体の痛みがあるのと過敏な症候群や関節拘縮があるが、過度な筋力低下をきたしておらず、その他理学療法士と相談しながら、訪問介護員の行う他動運動を日常的に全面的に介助を必要としている。透明文字盤を使用してコミュニケーションをとっており、パソコンでEメールを受信している。意思は明確であり、要望を伝えることができる。睡眠中は睡眠導入剤を服用するので、参加していくことを望んでいる。意思疎通の機会を増やすことが大切とされている。現在の痛みを和らげることが重要であると話している。体調変換の頻度や回数を行けやすくしながら行っていくことが重要であると話している。治療法の開発を望んでおり、できる治療は何でもしたいと話している。病気に対しては、いずれ見つかるだろうと話している。現在依願の仕事に復職しており、役割に参加している。

「注目する情報」に対する分析・解釈

17、19 ① 体の痛みがある

① 体の痛みがあると訴えている。骨の突起部と伸ばしていた筋に痛みがあることから、同一体位による圧迫による痛みと考えられる。理学療法士の他動運動マッサージで痛みが緩和しており、訪問介護員による他動運動も効果があると思われる。覚醒中の体位変換は1～2時間おきに機器の操作スイッチが、身体機能の痛みなど改善させることを予測しないと予測される。ALSは進行性の病気であり、この主様子を見ていて介護で改善することが改善されると予測される。

16、18 ② 意思疎通がスムーズに行えていない場面がみられる

② 意思疎通に支障がある場面は2つある。第1は、透明文字盤の使用に慣れていない訪問介護員がいることである。新しい訪問介護員の入れ替わりは今後も続くだろう。第2は、Eメールのやりとりが、現在使用の文字入力機器の導入により時間がかかることである。簡単な操作方法を知りたいと望んでいる。Mさんの意思疎通ができないことは、Mさん自身も、意思を尊重する支援を希望している。Eメールは外部との交流手段となっている。

11、12 ③ 主介護者の夫に疲労がみられる

③ 夫の疲れは、仕事と介護と頻繁な訪問者への気づかいによるものと考えられる。夫は、Mさんによい状態でいることを望んでいるため、介護で一人で続けられないかもしれない。ただ、訪問介護員が入らない日は、夫が一人で介護している。現状では夫はまだ続けられるおそれもあるが、Mさんも、夫の疲労軽減を望んでいる。夫の健康を害する可能性もある。Mさんが気づかうことにより、役割の広がりをもまれている。疲労を軽減する方法について、十分な情報を望んでいる。

2、4、12、17、19 ④ 外出を希望している

④ 外出できている理由は、人工呼吸器等の機器があるため、自宅での生活の安定が優先であり、余裕がないためと考えられる。Mさんが外出を希望している。Mさんは前向きな気持ちの表われであり、外出らしの機会が得られることはよいと望んでいる。外部との交流を全面じて、役割が持てている可能性もある。Mさんが考えることにより、今のところ連携はスムーズであり、チェック表や連絡ノート、介護支援専門員の働きかけができる可能性もある。

6、7、17 ⑤ 多職種が支援している

⑤ 今のところ連携はスムーズにすすんでいる。Mさんの安定した生活を支えている。

17 ⑥ 進行性の病気であり不安が起きる可能性がある

⑥ 現状のなかでできることをしたいと前向きな気持ちをもっている。病状によっては不安な気持ちが起きてくる可能性も考えられる。

統合（判断）

1 ①より
　体の痛みは生活全体に悪影響を及ぼす要因となりうる。痛みを緩和する方法があることから、生活課題として取り上げる。優先順位は1とする。
　・過敏な症候群は廃用性関節拘縮につながるが、他動運動により痛みは改善できるので、訪問介護員の行う他動運動の内容やタイミングを検討する。
　・体位変換の頻度や体位変換の回数を行けやすくすることで、睡眠中は睡眠を妨げるのでこのままとし、覚醒中の体位を改善できるので、細かく確認しながら行っていくことが重要と考えられる。

2 ②より
　意思疎通は生活の質や支援全般に影響する重要な項目である。Mさんの意思は明確にあり、意思を伝えることができる。また、改善策を検討できることから、生活課題とする。以上のことから、介護の方向性。
　・痛みなどにかかわる訴えは、簡単なサインを決めるなどして試みる。
　・透明文字盤に不慣れな場合は、研修の機会を確保するなどして試みる。
　・入力機器は、Mさんが自身で調整しているか訪問時に調整し、作業療法士と相談し、機器の使用状況を把握や細かい調整を支援する。

3 ③より
　夫の疲労軽減は、Mさんが望んでいることでもある。疲労軽減はMさんに安心感をもたらし、自宅での生活継続の見通しが立つことにも立つことから、生活課題として取り上げる。介護の方向性。
　・夫が休めるようにするための方策を行っていくことを念頭に、まずは提案する。
　・その上で、Mさんが自身で夫の介護中に夫の介護できる方法を検討し、前提にする。
　・Mさんに関することは、Mさんと一緒に話し合えるとよいと考える。

4 ④より
　外出はMさんが望んでいることであり、今後の生活につながる可能性がある。段階的に進めることが必要かもしれない。外出日常化は生活課題として取り上げる。介護の方向性。
　・どのような場所に行けるか、Mさんと相談して準備をしている。
　・体調がよく、リハビリや処置がない、天気のよい日時を選択する。
　・ティアの支援、携帯する物品などを検討する。短時間近所への外出を支援し、Mさんと相談の上、可能なら、短時間で近所への外出を支援する。

5 ⑤より
　現在は多職種連携の同職は生じていないため、これを単独の生活課題としては取り上げない。
　・訪問介護員のいる職種と重なっているので、生活課題と重なっている職種と重なっている職種と連携を図っていく。

6 ⑥より
　現時点では前向きな気持ちをもてているので、生活課題としては取り上げない。訪問介護員は他の職種と連携し、引き続き相談できる関係づくりには続けていく。

生活課題

1. 体の痛みを和らげたい

2. 意思疎通をスムーズに行いたい

3. 夫の疲労を軽減させたい

4. 体調と天気のよい日に外出したい

■ Ⅲ　介護計画

記入者：　　　　　　　　　　　　　　　　　　　　　　　　（　　　年　　月　　日）

| 長期目標 | 心身ともに快適な状態で、Mさんの意思を反映した自宅での生活が続けられる。 | | | | | 期間 | （ XX年3月1日～XX年6月30日 ） |

生活課題	短期目標（月／日～月／日）	月日	具体的計画	月日	実施	月日	評価
1. 体の痛みを和らげたい	体の痛みを軽減させることができる（3/1-3/31）	3/1 3/2 3/1	① Mさんの痛みの状況や要望を確認して②～④を行う。 ② 起きている間、訪問介護員が1時間おきに体位変換を行う。 ③④ 他動運動を、理学療法士と調整し、訪問運動の内容や実施時間を、訪問介護員の他動運動を調整する。 ③のあと、訪問介護員が行う関節の他動運動を、午後に追加できるか検討する。 ⑤ 痛みへの対応について、看護師と調整する。	3/2 ～ 3/10 ～ 3/5	① ②起きている間は1時間おきにこれまで通り1時間おきに体位変換を行う。骨の突発起部の痛みのときだったが、1時間近くになることもあった。 ③④ 他動運動を、理学療法士と調整し、朝、昼、晩は10分間くらいの手や足の指、股関節、膝、足首、足指など、関節全体をゆっくり屈伸した。その後も、痛みや軽減、体をゆっくり屈伸した関節の痛みがないといった。 ③のあと、訪問介護員が午後に痛みがないというと、このへん。 ⑤ 看護師が医師に相談し、夜間の鎮痛薬や睡眠導入薬の検討をすることになった。	3/31	体位変換を1時間おきに行うことで、骨の突発起部の痛みの軽減した。しかし、消失はしておらず、短期目標は完全に達成できていない。日中は30分おきの体位変換を訴えてみても、しんどい。他動運動後も痛みを持続できるかもしれない、痛みの軽減がつながっている。痛みの状況をみながら、このへんでさじない加減を調整していく。
2. 意思疎通をスムーズに行い、たい	意思疎通がスムーズに行える（3/1-3/31）	3/1 3/3 3/1	① 要望に対する簡単なサインをMさんと検討する。 ② 透明文字盤の使い方について、熟練のY訪問介護員から慣れたX訪問介護員に引き継ぐ。 ③ 作業療法士との調整を介護支援専門員に依頼する。 ④ 文字入力のスイッチの使用状況、不便な点を確認していく。	3/1 3/3 3/17 3/1	① Mさんと相談し、透明文字盤に痛いなどの単語を追加することにした。Mさんは、意思伝達の手段の検討する。 ② 冗談を交わせるほどビスムーズなX訪問介護員から、時間帯や、表情を細かく見て確認することでX訪問介護員に引き継げることのコツ、透明文字盤の使い方のコツを伝えた。 ③ Mさんには今も目合いが入ると思うので、引き続きをしっかり行い、経過を把握していくことが必要である。 ④ Mさんには3項目合わせた文章を作成したい、送受信したいという思いがあり、作業療法士は操作機器の操作や手段を調整し、手の関節の角度によって、文字入力のスイッチの操作が難しいことがあり、途中で疲れたり、面倒になってくるのであきらめることがあった。	3/31	主に意思疎通が十分にはできていないため、短期目標は達成できていない。しかし、Mさんに細かく言葉をかけて確認していくなど、透明文字盤に不慣れだったX訪問介護員も意思疎通のコツがつかめてきた。新規の安心感にもつながっている。新規の訪問介護員を今後も入ると思うため、引き続きをしっかり行い、流手段であるため、使用状況を把握するなどの、新しい機器の使用のサポートなど、作業療法士と確認しながら進めていく。
3. 夫の疲労を軽減させたい	夫が休める日ができる（3/1-3/31）	3/1	① Mさん、夫と、夫の疲労軽減についてできることを相談したい、といった提案を考える。 ② 時間がかかっているときなどをあげてもらう。 ③ 訪問介護中に、夫が自由に過ごせるように声をかける。	3/15 3/20	① ②Mさんと話し合いをした結果、以下のことがあげられた。 ・新しい訪問介護員を。 ・在宅勤務の日は、訪問介護員に再細かな事項を伝えている。 ・夜間の訪問介護員が多くなるように、新規の訪問介護員のサポートをしていないこともあった。 ・訪問介護員が入らない日のミキサー食づくり、流濯や掃除等の家事、入浴介助など「訪問介護中に、夫が自由に過ごせるようにしてほしい」という声も。 ・夫、夫婦の話し合いのとおりは、自分の時間が増えたといっていた。 ③ 訪問中に声をかけたことと、①②の話し合い合いが、夫が集中する時間がつくれるようになった。	3/31	訪問介護員と、夫に頼っている部分があることに気づいた。在宅勤務の日は、夫が自分の時間を確保できるように、訪問介護員が積極的に再細かなサポートをすることが必要である。一食一食が冷凍できるので、訪問介護員が多くに作ることもできるかもしれない。状況の確認はできるが、まだ夫の疲労回復までには至っていない、短期目標、「訪問介護中に、夫が気兼ねなく自分の時間をつくること、継続していく。長男が同居を考えているので、支援体制が改善する可能性はある。
4. 体調と気分のよい日に外出したい	近所に散歩に行くことができる（3/1-3/31）	3/1	① 外出の計画を立てることをMさんに提案し、日時や外出場所などを考える。 ② 外出時に携帯する名称や手順をリストアップする。介。 ③ 外出時にボランティアの支援が得られないか、介護支援専門員に相談する。 ④ 外出時のMさんの体調や気分などを把握する。	3/9 3/25	① ②③Mさんと外出場所や時期を検討し、近くに散歩することになった。「外出の計画を考えることが楽しい」といっていることがわかった。ボランティアはまだ見つけられていない。 ④ 散歩に行き、10分ほど周囲を車椅子で移動して、介護支援専門員も同行した。携帯型の吸引器や緊急連絡先ほか、呼吸状態に問題はなかった。Mさんは少し興奮していたが、緊張して散歩に行ったことで自信がついたと話していた。	3/31	外出するという短期目標は達成できた。外出の計画を考えることに、近くに散歩することがうれしかった。気分転換にもつながっている。今後は、定期的な外出や、目的地への外出やボランティアの確保など、介護支援専門員に引き続きお願いする。

記録シートフォーム

＊上記シートフォームは^{株式}_{会社} 建帛社ホームページの本書のページからダウンロードできます。
　自由に改変して使用していただいてかまいません。
　　　　　　　　　　　https：//www.kenpakusha.co.jp/

■ I　情報収集シート（1）

記入者：

利用者氏名	：	性別： 男　女	生年月日：	年　　月　　日　（　　　　歳）
現在の介護目標：				

I．生活・くらし

	ある日の1日の過ごし方	年　月　日（　）				1週間の過ごし方	月間や年間の予定
			食事量	飲水(ml)	排泄		
1 過ごし方	6 7 8 9 10 11 12 13 14 15 16 17 18 19 20 21 22 23 24 1 2 3 4 5					月 火 水 木 金 土 日	
	〈情報源〉　私の願い・思い, 言動					〈情報源〉　私の願い・思い, 言動	

		情報源	私の状況, していること	私の願い・思い, 言動	支援の現状
2 くらし	① 食事の準備 調理 食材の管理				
	② 衣類の管理 衣類の選択				
	③ 洗濯 掃除・整頓				
	④ 医薬品・ 金銭管理				
	⑤ 買い物				
	⑥ 外出方法 外出先				
3 楽しみ・習慣	① 趣味 楽しみ 好きなこと 特技				
	② 生活習慣				
4 参加・役割	① 様々な機会・場での参加, 役割				
	② 仕事（就労）				

【情報源】　◎ 利用者本人　〇 記入者の観察　△ 記録　▲ 職員　□ 家族

Ⅱ．生活・人生の個人的背景

		情報源	
5	生活歴		
6	現在利用中のサービス		
7	サービス利用の理由		
8	意欲や関心性格対処法		
9	信仰価値観		
10	経済状況		

Ⅲ．環　境

		情報源		ジェノグラム（家族図），エコマップなど
11	家族や知人・友人の願い・思いなど			
12	人的環境周囲の人との関係			

		地域環境，よく過ごす場所，居室など	私の願い・思い，言動	支援の現状
13	生活環境（地域環境，居住環境，プライバシーへの配慮など）			
14	転倒や危険性のある場所			
15	現在使用している日常生活用具，補装具（福祉用具）			
16	利用可能な制度，社会資源			

■ I　情報収集シート（2）

記入者：

Ⅳ．健康・心身の状況

		情報源		
17 健康・心身の状況	① 認定区分		【要介護度】要支援 1・2 ／ 要介護 1・2・3・4・5　　　　【障害支援区分】1・2・3・4・5・6	
	② 日常生活自立度		認知症高齢者の日常生活自立度　　　　　　　　　　　　　Ⅰ　Ⅱa　Ⅱb　Ⅲa　Ⅲb　Ⅳ　M 障害高齢者の日常生活自立度　　　　　　　　　　　　　J1　J2　A1　A2　B1　B2　C1　C2	
	③ 認知機能評価		□ MMSE（　　）／30点　　　　□ HDS-R（　　）／30点（改訂長谷川式簡易知能評価スケール）	
	④ 既往歴			
	⑤ 現在の主な疾病や障害			
	⑥ 麻痺 拘縮 不随運動 呼吸障害 皮膚状態 褥瘡 など			
	⑦ 視覚 聴覚		視覚　　　　　　　　　　　　　　　　　　　聴覚	
	⑧ 知的・認知機能 （理解力・記憶力，失語や失行など）			
	⑨ 現在の受診・薬		受診　　　　　　　　　　　　　　　　　　　薬・治療	
	⑩ 睡眠・休息			
	⑪ リハビリテーションの内容			
	⑫ 身長・体重		cm　　　　　　　kg（　　年　月　日）　　　　　　　BMI：	
	⑬ バイタルサイン		BP＝　／　mmHg　　　P＝　回／分　　　BT＝　℃　　　R＝　回／分　　（　月　日）	
私の願い・思い，言動				

Ⅴ．コミュニケーションと意思決定

		情報源	私の状況，していること	私の願い・思い，言動	支援の現状
18 コミュニケーションと意思決定	① 意思疎通 （言語・非言語の理解，表出）				
	② 用具の使用				
	③ 日常の意思決定の方法				

【情報源】　◎ 利用者本人　○ 記入者の観察　△ 記録　▲ 職員　□ 家族

Ⅵ. 日常生活行為

		情報源		私の状況, していること		私の願い・思い, 言動	支援の現状
19 移動・移乗	① 移動		手段	□ 独歩　　□ シルバーカー　　□ 杖　　□ 歩行器 □ 車椅子　（　□ 普通型　　□ リクライニング型 　　　　　　　□ 介助型　　□ 電動　　　　　）			
			方法	上記の手段に対して 1. 自立　　2. 見守り・声かけ　　3. 一部介助　　4. 全介助			
	② 移乗		方法	1. 自立　　2. 見守り・声かけ　　3. 一部介助　　4. 全介助			
	③ 起居動作		寝返り 起き上がり 座位保持 立ち上がり 立位保持	1. 自立　　2. 見守り・声かけ　　3. 一部介助　　4. 全介助 1. 自立　　2. 見守り・声かけ　　3. 一部介助　　4. 全介助 1. 自立　　2. 見守り・声かけ　　3. 一部介助　　4. 全介助 1. 自立　　2. 見守り・声かけ　　3. 一部介助　　4. 全介助 1. 自立　　2. 見守り・声かけ　　3. 一部介助　　4. 全介助			
20 食事	① 食事場所 用具						
	② 姿勢（保持）						
	③ 食事の内容		形態	主食　　： 副食　　： トロミ　：　　有　　無			
			方法	1. 自立　　2. 見守り・声かけ　　3. 一部介助　　4. 全介助			
			食事量 水分量	食事量　　　　　　　　　　　水分量			
	④ 食事の状況		食欲				
			食事時の集中力				
			咀嚼力				
			むせ嚥下障害				
	⑤ 口腔内の状態		義歯	□ 有　（　□ 上　　□ 下　）　　　□ 無			
			他				

■I　情報収集シート（3）

記入者：

			情報源		私の状況, していること	私の願い・思い, 言動	支援の現状
21 排泄	①	尿意 便意		尿意	有　・　無		
				便意	有　・　無		
	②	失禁の 有無		尿失禁	有　・　無		
				便失禁	有　・　無		
	③	排泄 方法		日中	□トイレ　□ポータブルトイレ　□オムツ　□差し込み便器　□留置カテーテル　□導尿		
				夜間	□トイレ　□ポータブルトイレ　□オムツ　□差し込み便器　□留置カテーテル　□導尿		
				下着 オムツ等	□布パンツ　□リハパンツ　□パット　□オムツ　□他（　　　　　　　　　）		
	④	排泄 行為		排尿	1. 自立　2. 見守り・声かけ　3. 一部介助　4. 全介助		
				排便	1. 自立　2. 見守り・声かけ　3. 一部介助　4. 全介助		
	⑤	回数		排尿	回　／　日		
				排便	回　／　日		
22 清潔・整容	①	清潔 方法			1. 個浴　　2. 一般浴　　3. 機械浴　（　　　　） 4. シャワー浴　5. 清拭　　6. 他　（　　　　）		
	②	清潔時 の状況		浴槽出入り	1. 自立　2. 見守り・声かけ　3. 一部介助　4. 全介助		
				姿勢保持			
	③	洗身 洗髪		洗身	1. 自立　2. 見守り・声かけ　3. 一部介助　4. 全介助		
				洗髪	1. 自立　2. 見守り・声かけ　3. 一部介助　4. 全介助		
	④	口腔 清潔		歯磨き	1. 自立　2. 見守り・声かけ　3. 一部介助　4. 全介助		
	⑤	身だし なみ		洗顔	1. 自立　2. 見守り・声かけ　3. 一部介助　4. 全介助		
				整髪	1. 自立　2. 見守り・声かけ　3. 一部介助　4. 全介助		
				髭剃り, 化粧	1. 自立　2. 見守り・声かけ　3. 一部介助　4. 全介助		
				爪切り	1. 自立　2. 見守り・声かけ　3. 一部介助　4. 全介助		
23 更衣	①	着脱		上衣	1. 自立　2. 見守り・声かけ　3. 一部介助　4. 全介助		
				下衣	1. 自立　2. 見守り・声かけ　3. 一部介助　4. 全介助		
	②	他					

【情報源】　◎ 利用者本人　○ 記入者の観察　△ 記録　▲ 職員　□ 家族

Ⅶ． 設定項目以外の情報

	情報源	かかわりで得られた情報で，1-23以外の内容があれば記述する
24 設定項目以外の情報		

生活の様子や1-24について，絵や図で自由に表現してもよい

■Ⅱ　アセスメントシート

記入者：　　　　　　　　　　　　　　　　　　　（　　　年　月　日）

情報の分析・解釈

現在の生活の全体像

統合・判断

1) 分析・解釈を踏まえ、予測される状態、予測される状態、望ましい（期待できる）状態、支援の必要性を検討する
2) 1)を踏まえ、「生活課題」として取り上げるかどうかを決定する
3) 2)を踏まえ、「生活課題」とする場合は、生活課題に対する介護の方向性を判断する

生活課題

注目する情報	「注目する情報」に対する分析・解釈

■ III 介護計画

記入者：

長期目標			期間	（　　年　　月　　日　　～　　年　　月　　日　）
生活課題	短期目標 （月／日～月／日）	月日	具体的計画	月日	実施	月日	評価

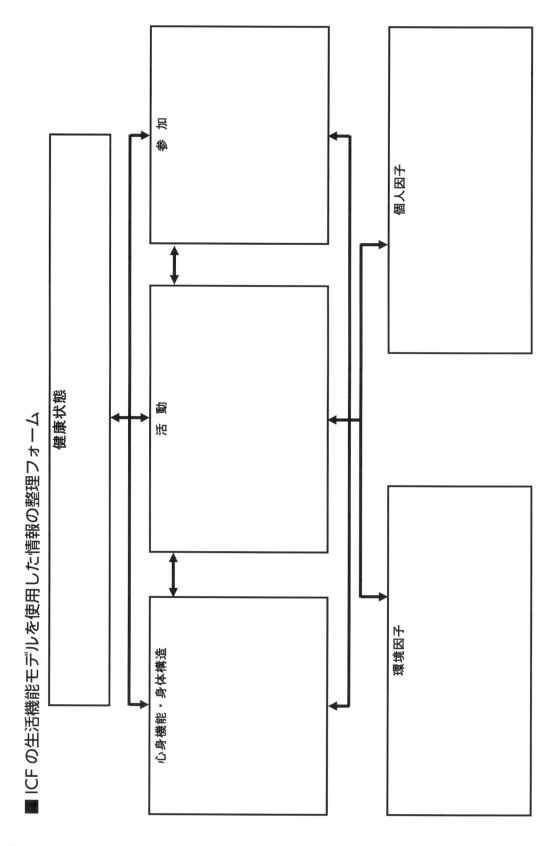

■ ICFの生活機能モデルを使用した情報の整理フォーム

健康状態

参 加

活 動

心身機能・身体構造

個人因子

環境因子

索　引

〔編著者〕

柊崎 京子　　　帝京科学大学 医療科学部 医療福祉学科

〔執筆者〕（五十音順）

梅本 旬子　　　社会福祉法人こうほうえん

楠永 敏惠　　　帝京科学大学 医療科学部 医療福祉学科

倉持有希子　　　東京 YMCA 医療福祉専門学校

小林 結美　　　元世田谷福祉専門学校

品川 智則　　　東京 YMCA 医療福祉専門学校

鈴木 聖子　　　岩手県立大学名誉教授

豊田 美絵　　　トリニティカレッジ広島医療福祉専門学校

野原 康弘　　　元世田谷福祉専門学校

藤江 慎二　　　帝京科学大学 医療科学部 医療福祉学科

松永美輝恵　　　帝京科学大学 医療科学部 医療福祉学科

松橋 朋子　　　日本赤十字秋田短期大学 介護福祉学科

宮内 寿彦　　　十文字学園女子大学 人間生活学部 人間福祉学科

宮本 佳子　　　帝京科学大学 医療科学部 医療福祉学科

吉賀 成子　　　元帝京科学大学 医療科学部 医療福祉学科

介護過程

2021年（令和3年） 2月15日　初 版 発 行
2024年（令和6年） 4月25日　第2刷発行

編 著 者　柊 崎 京 子
発 行 者　筑 紫 和 男
発 行 所　株式会社 建 帛 社
　　　　　　KENPAKUSHA

〒112-0011　東京都文京区千石4丁目2番15号
　　　　　　T E L （03）3944—2611
　　　　　　F A X （03）3946—4377
　　　　　　https://www.kenpakusha.co.jp/

ISBN 978-4-7679-3435-8　C3036　　　　壮光舎印刷／愛千製本所
©柊崎京子ほか, 2021.　　　　　　　　　Printed in Japan